생각과 망각 사이

생각과 망각 사이

/

박세현 창작일기

K-Pub

서문

 날마다, 어쩌다 날마다 하릴없이 빈둥대며 썼다. 허둥지둥. 느리게, 더 느리게. 읽기와 쓰기 사이에서 망설이는 혼종의 잡념을 써놓고 창작일기라는 순진한 이름을 붙인다. 내게 왔다가 오던 속도로 사라지는 근거 없는 생각의 파편들이다. 과장되고, 근거 없고, 생뚱맞은 문장들. 그 이상은 없지만 73세의 현실을 살아가는 나는 그 이상을 헤아리기도 한다. 씨네큐브광화문에서 본 홍상수의 '그 자연이 네게 뭐라고 하니'에서 30대 시인이 펼치던 무모한 연기를 70대의 내가 맡고 있는 셈. 시인이라면 더러 그런 환각을 살아도 나쁘지 않겠다는 핑계로. 늘 쓰던 방식이지만 늘 쓰던 그것만은 아닌 것. 미학도 반미학도 없이 나는 그 근방 어디만 사부작거리는 시를 쓴다. 사정 직전까지만 가고 사정에 이르지 못하고 마는. 마니아 독자를 위한 서비스로 책 속에 시 여러 편을 삽입했고 따로 목차는 설정하지 않았다. 그냥 죽죽 읽으면 된다. 읽지 않아도 된다. 2025년 모월 모일 비오는 날 아침, 불암산 쓰기방에서.

1

모월 모일

생각하는 과정을 끄려고 합니다.

내게 손이 있다는 사실조차

망각하고 싶습니다.

—키스 자렛, 〈뉴욕 타임스〉 인터뷰(1979)

모월 모일

    이것저것 생각 없이 둥둥

    떠다니고 싶을 때가 있으니

    저 나뭇가지에 앉은 새처럼

    머리 위로 지나가는 구름처럼

    둥둥 떠다니고 싶을 때

    산마루에 앉았다가

    헐려버린 옛집 지붕에 앉았다가

    백일몽 한 편 꾸어도 상관없겠다

    나는 둥둥 떠다니는 사람

    당신의 주소 위로

    당신의 꿈속으로 둥둥 두두둥

    오늘 참 좋은 날이다

    다시 해가 떴으니

    둥둥

모월 모일

밥 딜런의 데뷔 무렵(1961~1965)을 다룬 전기영화 '컴플리트 언노운'(제임스 맨골드 연출)을 보다. 밥 딜런 역을 맡은 티모시 샬라메가 노래를 직접 부른다. 기타와 하모니카 연주도 상당하다. 밥 딜런보다 더 밥 딜런 같다. 아무리 전기라지만 영화는 영화다. 전기의 사실을 넘어서 영화에서 튀어나온 다이얼로그가 나의 찌든 관념을 부수어 놓는다. 찬미!

실비: 넌 뭐가 되고 싶어?
밥 딜런: 뭐든 저 사람들이 원하지 않는 걸로.

모월 모일

르 몽드가 21세기의 베케트라고 규정한 욘 포세의 소설 『아침 그리고 저녁』은 마침표를 사용하지 않고 쉼표로만 전개된다. 삶과 죽음이 손잡고 있는 소설. 소설의 끝문장도 쉼표인지 확인하고 싶은 욕구 때문에라도 우선 책을 찾아봐야겠다. 읽게 되면 다시 써 보자.

모월 모일

 시가 멀어졌으면 좋겠어.

 그런 생각을 할 때가 있다, 가끔.

 멀어져야 할 이유도 없이 멀어졌다는 사실도 모른 채 뚝.

 그런 거 있잖은가. 이유도 없이 멀어진 인연들. 그리고 잊혀진 관계들. 기억의 부유물이 남아 있지 않는 관계는 얼마나 많은가. 시도 그랬으면 좋겠다는 생각을 가끔 한다는 말. 시를 오래 쓰면 시는 는다. 그러나 그게 정말 시가 바라는 일인지 회의가 든다. 시만 쓰며 문학의 길만 걸어왔다. 이 문장은 꽤나 지루하게 들린다. 임상을 잃어버린 정신분석학처럼 나는 시의 이쪽에서 시의 저쪽을 향해 휘파람이나 불어야겠다.

모월 모일

 남현지 시집 『온 우주가 바라는 나의 건강한 삶』(창비)

 요즘 시집에는 시인의 정보가 없다. 그런 것도 유행이다. 일종의 알고리즘. 시만 보라는 것이겠지. 궁금하지만 궁금할 것도 없지만 시만 읽는다. "믿음이 도처에서 이루어지는 것을 본다/ 새벽 배송과 지하철 시간표처럼/ 믿는다고 나를?/ 한 번도 완성해본 적 없는/ 어리둥절한 얼굴로"(「가이드」). 이 시집을 리얼리즘 시로 읽는다. 지금 도착한 리얼리즘. 현실이 어른거리지만 그것은 환상의 형태로 적힌다. 창비출판사도 괜찮은 시집을 낼 때가 있다.

모월 모일

　남양주 철마산. 해발 711미터. 등산 코스는 4.5킬로미터. 평이한 산이지만 몇 군데 난코스를 꺼내놓는다. 응달에는 잔설이 있으며 길은 가파르고 미끄럽다. 목표봉에서 쉬는 남자에게 주말인데 등산객이 거의 없다고 말했더니 그의 대답이 화두다. 이 산은 볼 게 없잖아요. 속으로 웃으면서 나는 볼 게 없는 산을 올라갔다. 오르면서 보니 정말 볼 게 없었다. 잡목들만 웅성거리고 피탄 주의라는 사격장 경고문이 보인다. 그 남자의 말처럼 정상까지 와도 볼 건 없었다. 벤치에 앉아서 김밥을 먹으며 바라보니 정상을 둘러싸고 있는 경기도의 산들과 허공이 장엄하다. 볼만 하다. 나 같이 행방이 묘연한 떨거지가 마음 식히기는 딱이다. 볼 게 없다는 사실도 장관일 때가 있다. 짚고 갔던 등산 스틱 말고도 성가시던 마음 몇 가닥 내려놓고 온 날이다.

모월 모일

　상호작용이라는 말이 지나갔다.
　그 반대개념도 궁리해본다.

모월 모일

 청계천을 따라 걸었다. 봄길이다. 마음에도 길을 내는 일이다. 물소리가 벌써 맑다. 전태일 동상 앞을 지나갔다. '전태일 열사 잊지 않겠습니다'와 같은 문장도 읽었다. 그가 소설가 이문열과 출생 연도가 같다는 사실이 무슨 발견만 같다. 뭐가 신기한 건지는 나도 모르는 것. 산수유가 시작하고 있다. 잠시 한눈파는 사이면 피어날 것이다. 5가까지 갔다가 평화시장 쪽으로 좌회전 한다. 이 근처에 헌책방이 즐비했었지. 오래된 종이 냄새. 숨 한 번 들이쉬고 다시 걷는다. 걷는다. 청계천에 오면 꼭 누군가를 만날 것 같다. 이건 수정되지 않는 나의 고정관념이다. 1930년대 구인회의 멤버들. 어디선가 그들이 하나씩 튀어나올 것 같다. 저기 수표교 근처. 박태원이 걸어가는 듯하다. 나 같은 문학 떨거지들에게 청계천은 박태원의 장편소설 『천변풍경』이다. 해가 많이 길어졌다. 뺨을 스치고 가는 바람결에 맥 빠진 찬기운이 남아 있다. 이 동네 국밥집에 들어가 소주나 한 잔 하실까. 동평화시장 방향으로 걸음을 옮긴다.

모월 모일

"어떤 예술가든 자기가 뭔가에 대한 해답을 안다고 생각하기 시작하는 순간 작품은 수난에 빠지게 되는 것 같습니다. 저는 그냥 좋은 질문을 품고 있는 사람이라고 생각합니다."(전미 도서상 수상 작가 퍼시벌 에버렛) 나도 그렇다(고 쓰면서 오리무중으로 들어간다). 키보드를 두드리기 전까지 시는 없다. 나의 시는 전두엽 근처에서 흘러나오는 게 아니라 아무런 예감 없이 기다리는 키보드 위에 있다. 키보드도 모르는 움직임이 거기 있다. 키보드를 두드리기 시작하면 그제서야 '당신이 기다린 거 이거 아닌가' 하는 시가 나타난다. 그것이 내가 원했던 것이라고 믿을 수는 없지만 아마도 그런 것 같다고 수긍한다. 이 문장에 덧대고 싶은 인용구가 있다. 맨부커상 수상 작가 말런 제임스의 인터뷰다.

바일스: 그날 쓰기로 한 인물의 마음속으로 들어가기 위해 하는 아침 명상 같은 게 있었나요?

제임스: 음, 그게… 향을 좀 피운 다음 사탄에게 기도해요. 늘 그렇게 합니다. (셰익스피어 앤드 컴퍼니 인터뷰집 『소설을 쓸 때 내가 생각하는 것들』에서 인용)

모일 모일

　당신은 내게 공감하지 않아도 된다. 어쩔 수 없는 일이다. 당신과 내가 만나지 못하는 지점을 인생 혹은 번뇌의 공간이라 부르기로 하자. 사람과 사람 사이에는 어쩔 수 없는 공백이 가로놓여 있다. 문학은, 내 시는 그 공백을 찾아가는 일이다. 어떤 시는 (대개의 시가 그렇기는 하지만) 읽어도 아무런 느낌을 주지 않는다. 시인이 나를 향해 쓴 건 아니기에 시집을 덮는다. 내일 다시 읽으면 없던 느낌이 생길지도 모르겠다.

모월 모일

　오래 전 여자가 전화 걸려와 (남철 씨! 하고) 내 본명을 부르는 꿈에서 깨어나 다시 꿈속으로 들어가려고 잠을 기다리는 사람, 그가 나였던 것. 이번엔 내가 (남철 씨,) 이게 꿈이 아니라면 무엇이란 말이오. 삶을 해석할 수 있는 건 꿈 밖에 없는 건가요?

모월 모일

　전철 옆자리에 구겨 앉은 두 남자가 서로에게 중얼거린다. 시는 아무나 쓰는 거잖아요. 안 그래요? 하마터면 내가 대답을 지를 뻔 했다. 그렇고 말고요. 그러나 돌아보지 않았다. 누군가의 관념을 수정하는 것은 폭력이다. "훔친 물건을 돌려주기 위해 다음 날 밤을 기다리는/ 도둑이 있었다. // 저마다/ 더 깊은 밤이 필요했다."(김행숙, 『무슨 심부름을 가는 길이니』의 시인의 말) 전철은 언제나 제 속도로 달렸고 제 시간에 종점에 도착한다.

모월 모일

어제는 영화를 본다
제목은 쓰지 않기로 한다
알 만한 사람은 알겠지
모를만한 사람은 모를 것이고
부지런히 점심을 드시고
다른 시에도 여러 번 썼듯이
걸어서 롯데백화점 10층으로 가신다
2관 E열 12번에 앉는다
극장에서 배려한 지정석은 아니다
강력 사운드가 나온다고 웃돈 천원을
더 받는다 초강력 우퍼 사운드를 기다린다
영화 내용은 생략한다
숨도 쉬지 않고 본다
어제 박세현처럼 걸어가서 본 영화
올해는 이 영화로 충분하다
나를 믿어도 될까?

제목은 「어제 본 영화」로 붙인다. 시집에는 넣지 않을 생각이다. 너무 내 시 같아서다. 내 시를 빠르게 발음하니 내시로 울린다. 환관 같은 시. 구겨서 버리지는 못하고 한손에 쥐고 있는 중.

모월 모월

짐노페디 1번 한 시간 연속 듣기

모월 모일

시와 수필을 동시에 쓰기는 어렵다. 서로의 중력이 다르기 때문. 내가 시를 쓰는 동안 누군가 나의 수필을 대필해주면 좋으련만. 부탁을 들어주는 사람에게 자신만 아는 싱싱한 문운이 깃들지어다.

모월 모월

월급도 적은데 왜 교수가 되려고 하냐니까 그는 일본 교수가 코트를 입고 출근하던 모습이 멋있어서라고 말했다, 그게 누군지 기억나지 않는다. 혹시 미당? 대학생 시절 교수가 강의를 멈추고 손으로 이마를 짚으며 '이 문제는 나도 모르겠다'고 했을 때 그 모습이 진짜 교수 같았던 나의 원관념. 모른다고 말할 수 있는 선생이 있다니! 모른다는 것을 멋으로 연기하는 사람은 빼고. 나도 저런 교수가 되어 칠판 앞에서 이마를 짚으며 '사실 이건 나도 모르겠다'고 고백하고 싶어서, 그런 헛멋을 부려보고 싶어 긴 강사생활 끝에 지방대학의 선생이 되었을 것이다. 싱거운 개인사다.

모월 모일

 밥맛이 없다고 하니 그럼 입맛으로 먹으라신다. 살아생전 어머니 말씀 한 토막. 밥맛도 떨어지고 입맛도 예전 같지 않다. 어쩌지? 시맛도 감각도 후퇴한다. 둘 다 여전하다면 그이는 시인이 아니라 기계일 가능성이 높다. 일상 언어로는 맛이 간다는 뜻인데 그러나 드물게는 맛이 가면서 특별한 맛을 보여주는 경우도 있다. 다소간의 무리한 예를 든다면 이산 김광섭과 천상병이 그렇다고 나는 본다. 이산은 초기에 고독이나 동경 같은 한자어 중심의 시를 썼지만 뇌졸중 이후로 평이하고 쉬운 언어로 시를 썼다. 어머니에게서 배웠던 단초의 언어가 그것이다. 시 「저녁에」의 한 구절인 '어디서 무엇이 되어 다시 만나랴'와 같이 풀어진 구문은 김광섭이 선택할 문장은 아니었을지도 모른다. 천상병의 시는 예를 들지 않아도 그 자체가 충분한 예가 된다. 모든 시가 이래야 하는 건 아니다. 언어는 생겨먹기를 무언가를 드러냄과 동시에 얍삽한 속도로 핵심을 감춰버린다. 어찌되었건 간에 김광섭, 김환기의 전면 점화, 최인훈의 희곡으로 이어지는 '어디서 무엇이 되어 다시 만나랴'라는 테마는 누구에게나 삶의 미수금이 되지 않겠나.

모월 모일

 부활의 김태원이 임재범에게 자신의 곡을 주었는데 임이 거절했단다. 너무 사적이어서 자신이 끼어들 여지가 없다는 게 거절의 이유란다. 김태원은 그 곡을 다른 가수에게 주지 않고 가지고 있다고 했다. 무언가 느껴진다. 무언가는 무엇이지? 나는 왜 여기에 감응하는가.

모월 모일

 을씨년스러운 시 한 편을 읽는다
 꼭 해고 노동자의 일인 시위 같은 시
 이 시인은 왜 맨날 이런 시만 쓰시는지
 물어보고 싶지만 그것은 그러나
 그 사람의 인연인지라 꾹 참아버린다
 불면의 밤에는 가끔 생각한다
 시라는 언어형식이 존속한다는 사실
 기적인가 슬픈 관성인가
 돌아누워서 가볍게 웃는다
 내 웃음을 지우면서 중얼거린다
 세상에 시인 아닌 사람은 없다
 시문학이여, 그대로 쭈욱

모월 모일

 강릉에서 이틀 밤 잤다. 이틀은 빈집의 침묵에 적응하는 시간이다. 오면 가고 싶지 않고 가면 오고 싶지 않은 관성이 눈치 있게 달라붙는다. 가는 것도 아니고 오는 것도 아니다. 오고가는 사이 어디에 나는 끼어 있다. 정영문의 소설 제목에 묻어가자면 나는 '겨우 존재하는 인간'이다. 집을 나와 역까지 걸었다. 30분. 강릉의 봄날을 남겨두고 오는 게 아쉬웠다. 언제가 될지 모르지만 강릉의 골목길에 대한 에세이를 써야겠다. 못 쓸 수도 있다. 꼭 써야 하는 글은 없다. 쓰면 쓰고 못 쓰면 못 쓰고. 나는 내 기억을 쓰고 싶을 것이다. 그것은 참 위험한 재구성이다. 그래서 망설이게 된다. 기억에 휘둘릴 추억이 가없다. 정형외과에서 주사 두 대를 맞고 나오는 걸음에 강릉극장 앞을 지나왔다. 일층 전면은 제빵학원 간판이 붙어 있지만 건물의 외형은 옛날 모습으로 견디고 있다. 영화를 좋아하는 문학청년이 드나들었을법한 건물 앞을 관광객 일인으로 지나간다. '사랑은 가도 옛날은 남는구나'(박인환). '옛날'은 원문에서는 '과거'였다지. 자, 지나가자. 서점과 은행과 다방과 빵집이 모여 있던 이 길에는 서울에서 소매로 떼 온 거친 번역의 지식을 소곤거리며 오고가던 청춘들의 숨소리가 묻어 있다. 삼문사에서 보던 세계전후문학전집. 신구문화사였던가. 오렌지마트 지나 다이소 건물 뒤편에 있는 한방병원 골목길에 피었던 영춘화는 기억이 아니라 현장 증언이다. 왼쪽 팔을 들어올릴 수 없어서 침을 맞았다. 칠십견인가. 팔이 아픈데 엉덩이에 주사를 맞다니! 20대 간호사가 손으로 환자의 엉덩이를 찰싹 때리는 순간동작은 노인에겐 일말의 상쾌함이다. 철든다는 사실이야말로 인간적 불운이다. 청량리행 15시 20분 11호차 18C 석에 앉아 김춘수를 읽으며 왔다. "너도 아니고 그도 아니고, 아무것도 아니고 아무것도 아니라는데… 꽃인 듯 눈물인 듯 어쩌면 이야기인 듯 누가 그런 얼굴을 하고, 간다, 지나간다. 환한 햇빛 속을 손을 흔들며…"(김춘수, 「서풍부」) 누구는 봄이었던 것, 서풍이었던 것, 아니 케이텍스에 앉아서 강릉의 봄을 떠나던 나였던 것. 김춘수는 자기 시의 역정을 정리하는 '의미에서 무의미까지'라는 글에서 솔직하게 술회했다. "(초기에는) 방법을 정리하지 못하고 거의 촉각 하나를 밑천으로 시를 쓰고 있었다. 그러니까 말(의미)보다 먼저 토운이 있다. 나의 무의식에는 베를레느와 未堂이 있었는 듯하다. 이 무렵 내 가까이에 늘 靑馬가 계셨지만, 靑馬의 말은 나에게는 너무 무겁고 거북하기만 하였다." 더 쓴다. "고인이 된 金洙暎에게서 나는 무진 압박을 느낀 일이 있었지만 지금은 그렇지도 않다. 관념·의미·현실·역사·감상 등의 내가 지금 그들로부터 등을 돌리고 있는 말들이 어느 땐가 나에게 복수할 날이 있겠지만, 그때까지 나는 나의 자아를 관철해 가고 싶다. 그것이 성실이 아닐까? 그러나 나는 언제나 불안하다. 나는 내 생리 조건의 약점을 또한 알고 있기 때문이다."(『김춘수 시선』, 정음사) 김수영 계보와 김춘수 계보가 있다면 김수영 계보는 김춘수를, 김춘수 계보는 김수영을 필사하고 있을 것이다. 서정주, 유치환, 김수영, 김춘수. 누가 불멸인가. 우스운 얘기다. 각자의 주로를 달리다 끝나버리는 지점이 불멸이다. 각자가 승리하면서 각자의 몫으로 실패하는 수작업의 끝. 갈 데까지 갔다가 돌아서지 못하는 그곳. 강릉 얘기를 하다가 멀리까지 왔다. 내가 무슨 말을 했던 거야.

모월 모일

상계역 2층 의자에 두 사람의 노인이 앉아 있다.

전철이 도착할 때마다 두 사람은 사람들이 밀려나오는 개찰구를 향해 일어선다. 누군가를 기다리는 눈치. 저 사람은 아닌가봐. 그러면서 다시 주저앉고 일어서기를 반복한다. 다음 차가 올 때까지. 막차가 끊길 때까지. 내일도 그 다음 내일도. 저마다 기다리는 고도가 있는 초여름 오후, 4호선 상계역 2층 풍경.

모월 모월

본명은 모리모토 쇼지로 1983년 나고야에서 태어났다. 오사카대학 대학원 이학연구과에서 우주 지구과학을 전공했고, 학습교재 출판사 근무를 거쳐 프리랜서 작가로 일했다. 현재는 2018년 트위터에서 처음 시작한 '아무것도 하지 않는 사람' 대여 활동을 꾸준히 하고 있다. 지은 책으로 『랜털 아무것도 하지 않는 사람의 아무것도 하지 않은 얘기』와 만화책 『랜털 아무것도 하지 않는 사람』이 있다. 이 사람의 책 『아무것도 하지 않는 사람』은 신박하다. 나는 이런 종류의 이야기에 끌린다. 뭐 그밖에 여러 그룹은 있다. 예컨대, 청부 살인업이 그것이다. 청부살인은 사적 복수를 대행하는 직업이다. 법은 개인적인 트라우마나 정념에는 관심이 없다. 단지 법조문 해석에 그칠 뿐이다. 그것도 판사라는 불안한 존재들이 읽어내는 법조문 적용은 더 그러하다. 이 얘긴 이 정도. 모리모토 쇼지의 대여 서비스는 야릇한 즐거움을 준다. 누군가에게 한 사람분의 존재를 일시적으로 빌려준다는 발상이 그것이다. 주로 동행, 동석, 옆에서 지켜보기, 얘기 들어주기, 커피 같이 마셔주기와 같은 일들이다. 아무것도 하지 않지만 촉매 역할을 한다는 것. 대여료는 공짜지만 요즘은 1만 엔. 책에는 다양한 의뢰의 예들이 소개되었다. 풍선을 들고 두 세 시간 같이 걸어주기, 공원에서 밤바람 맞으며 맥주 한

캔 같이하기, 다소 불편한 아래층 집 베란다에 떨어진 빨래 가지러 갈 때 동행하기, 아마추어 소설가의 마감 감시하기, 이혼기념으로 메밀국수 같이 먹기, 마라톤 결승점에 서 있어주기 등등. 싱겁다면 싱거울 수도 있는 내용이다. 그러나 인생에서 이만큼 덜 싱거운 일이 얼마나 될까. 본문에서 아무거나 한두 가지 더 꺼내보자.

—최근 카페를 시작했어요. 영업시간이 오전 11시부터 오후 4시인데 11시에 오는 손님이 거의 없어서 오픈 준비를 할 마음이 들지가 않아요. 그래서 그런데 11시에 와서 대충 한 시간 정도 조용히 차를 마시고 가는 일을 의뢰할 수 있을까요. 장소는 신주쿠예요. 맛있는 차나 커피를 드릴게요.
—실례합니다. 오늘 섹스를 할지도 몰라서 그러니 12시에 손톱을 깎으라고 알려주세요.
—갑자기 남에게 돈을 주고 싶어져서 그런데 아마존 기프트 카드를 보내도 괜찮을까요?

강릉 무닐약국에서 3월 14일 약을 구매하고 재킷을 입으려는데 왼팔이 고장 나 헛손질을 하는 걸 본 손아랫누이 같은 약사가 상냥하게 도와주었다. 그분에게 내 왼팔이 감사한다는 인사를 대신 전해줄 분이 있으면 좋겠다. 강릉시내에 거주하는 분이라야 한다. 이런 의뢰도 가능할까? 바람 불고 파도치는 날 남항진 감자적 일번지에 가서 장칼국수를 먹고 안목 스타벅스에서 아메리카노를 마셔달라는 의뢰도 생각한다. 물론 장칼국수값과 아메리카노 톨사이즈, 조각 케이크 값 그리고 교통비는 제공해야겠지. 군산 앞바다에 가서 뻘에 발을 담그고 있는 어선을 보고 와 달라는 부탁도 하고 싶어진다. '아무것도 하지 않는 사람 서비스'에 의뢰하고 싶은 품목이 자꾸 늘어난다. 시도 대신 좀 써주시기를.

모월 모일

『사자의 서』를 읽고 있는 집사람은 내가 죽을 때
내 귓가에다 속삭거릴 것이다
환한 불빛을 놓치지 말고 따라 가세요
다른 데로 가면 안 돼요
나는 길을 놓칠 게 뻔하다
생전에 제대로 길을 찾은 적이 없는 경력자다
그랬다면 이렇게 삶을 마치지는 않을 것이다
우왕좌왕하는 망자에게 아내는 다급하게 외칠 것이다
그쪽으로 가면 안 돼요 그쪽은 천당이예요
당신은 지옥 방향이 맞아요
거기 가야 지인들을 만난다니까요

모월 모일

 한승태 시인이 시 「나를 위한 기다림」 전문을 인용하면서 내 시집 날건(『날씨와 건강』)에 대한 소감을 페북에 썼다. 독후감을 따로 들을 일이 없던 차라 고맙게 읽었다. 한 글자도 고치지 않고 그의 단평을 인용한다. 가끔 읽어보고 싶다. 시집 읽어주는 분에게 일정액의 사례비를 지불해야 될 시대다. 유료 독서. '거리 탐색자'라는 멋진 명명을 해준 시인에게 감사.

 1953년생, 서울의 한 아파트에서 상주작가로 있는 박세현 시인의 시를 읽고 있다. 예술영화관 아트스페이스의 중독자이며 거리탐색자이며 빗소리듣기모임의 준회원이고 파도 감별사인 시인의 시를 읽으면 시는 이래 쓸쓸하구나, 희극적인 맛이 있구나, 자신을 무너뜨리는 것도 아름답구나 하는 생각이 든다. 내 인생을 스크린으로 들여다보는 시인은 오히려 스크린 속의 내가 더 나답다고 생각할지 모른다. 아파트의 상주작가 현실은 밋밋할까? 고도가 아니더라도 기다림은 삶의 동력이 될 것이다. 될까? 이 막연함, 스크린 속의 주인공에게 있을 서사와 운명은 부조리하지 않을지 모르지만 아파트 상주작가의 현실은 부조리할지도 모른다. 책 속에서 나온 지혜는 온갖 희망을 이야기하지만 그건 서사의 양념일 뿐, 우린 그냥 사는 건지도 모른다. 그러니 열심이 의미를 만들지도.

　이번 시집의 제목은 『날씨와 건강』이다. 의미심장하다. 세월이 느껴지기도 하고 왠지 희망을 얘기하야 할 거 같기도 하다. 전업시인의 시를 보면 시는 위치잡기 같다. 경계선 상에서 줄타기가 그의 특기다. 바닷가 모래톱에 드나드는 파도에 발을 뺏기지 않으면서 해변을 걷기, 나라는 모래성을 지었다 허물었다, 현실과 상상, 영화와 현실, 시인과 비시인, 그 경계선으로 시적 긴장을 유지한다. 유일하게 그가 몸을 담그는 건 빗소리와 음악같다. 소리만이 그를 지배한다. 그는 그렇다치고 나는 무엇을 기다려야 하나? (한승태)

모월 모일

　강릉에서 '희망가'를 듣는다. 내가 편애하는 두 떨거지 한대수와 양병집의 커버곡이다. 양병집의 것이 내게는 더 닿지만 이 노래는 누가 불러도 희망을 내려놓은 자의 허심으로 들린다. 그래서 듣게 된다. 내 정서가 저기 어디에 묻어 있다는 생각. 뉴욕에서 노인으로 살고 있을 한대수 형, 양병집은 죽었지만 그래도 파이팅. 그의 부음도 강릉행 케이텍스 안에서 접했다. 하는 말이지만 한대수, 김민기, 양병집을 묶어 3대 포크가수라 칭한다. 이런 속담은 4대 5대를 설정했을 때 설득력이 있을 것이다. 3대 이후도 궁금하다. 누구는 4대 포크 가수였는데 활동부진으로 5대로 밀려났다는 둥. 요새 누가 양병집을 듣지? 내가 듣는다.

모월 모일

  누구에게나 자기의 시가 있음이다. 각자의 시. 그것은 수정되지도 훼손되지도 않는다. 나는 그렇게 생각하게 되었다. 병법에서 말하듯이 독자의 관점에서 자신의 시를 바라보는 일은 쉽지가 않다. 그러니 독자의 입장이 아니라 자신의 입장을 강화하는 게 옳다. 나의 시는 어떤가. 내가 쓰고 있는 시가 나의 시라고 생각하며 쓰는 게 옳다. 아니라면 헛일에 종사하는 것이다. 헛일도 하다 보면 자기 영역이 생긴다.

모월 모일

  심심해서 시 한 편을 인터넷에 번역을 시켜보았다.

  시보다 번역이 우수하다는 생각을 하며 피식 웃는다. 어떤 오역은 원문에서 덧나면서 새롭게 읽힌다. 시는 번역이 되지 않는 장르라는 말은 때로 못 들은 체 해도 되겠다.

Like some sadness

I walk to get a poem, and some

I also listen to music

Some days,

I want to pass by with my bare body,

not a poem or music.

There is a theory that there are

2 million shamans in our country

who do business while saying

they know what they know.

I laugh hahaha because when they say

they can't see their own fortunes.

Like a shaman,

Like some sadnass.

어느 슬픔처럼

시를 얻으려 걷기도 하고
음악을 듣기도 한다
어느 날은 시도 아니고 음악도 아닌
맨몸짓으로 지나가고 싶다
아는 소리 하면서 영업하는 우리나라
무당이 2백만 명이라는 설도 있다
그들이 자신의 운세는 보지 못한다니
나는 그저 하하하 웃는다
어느 무당처럼
어느 슬픔처럼

모월 모일

　말하자면 나는 가능성에 집착한다.

　시인이라면 불가능성에 집착해야 하는데 말이다.

　관행적으로 좋은 시로 예찬되는 시를 읽는 일을 조심해야 한다.

　거기에 오염되면 거기까지다.

　내가 나에게 화를 내는 말이다.

모월 모일

　그 식이 장식이라는 말이 있다. 늘 하던 대로라는 뜻이다. 영동지방의 속담이다. 내가 꼭 거기에 해당하는 예인 것 같다. 무언가를 허물어버리려는 욕망도 없이, 트레이닝도 없이 쓰던 대로 쭈욱, 내 뜻이 아니라 손가락의 뜻대로 따라 쓰면서 자칭 대가에 이르렀구나. 나의 대가는 쓰던 대로 써온 대가(代價)에 다름 아니다. 모험도 없이, 도전도 없이, 단지 무모하게 무모한 줄 알면서 또 무모하게. 이렇게 써도 되는가.

모월 모일

집사람(은 낡은 말이다. 다른 말도 없지만. 와이프. 그건 와이퍼다. 집사람은 집에 있는 사람인데 웬걸 내가 집에 있는 시간이 더 많으니 문법적으로도 내가 집사람이다. 여하간)이 간화선 공부를 하라고 스님들 책과 유튜브 채널을 링크해준다. 이기적인 내가 간화선 공부에 맞을 것 같다는 것이다. 나는 내 존재의 근원에 대해 궁금하지 않다. 나는 누구인가. 이 뭣꼬. 나는 내가 궁금하지 않다. 내가 쓴 시의 주어는 예외 없이 '나'지만 그 나는 내가 아니다. 문장상의 주어, 형식상의 주어다. 가주어인 셈. 나는 잠깐 나의 대역이다. 나는 그 역할에 충실하면 된다. 나는 내가 누군지 이미 알고 있다. 그렇다고 믿는다. 나는 누구인가. 나는 바람이다. 나는 누구인가. 연초록 물푸레나무 잎사귀를 흔들고 간 바람결이다. 구름이다. 스무살 적 비구름이다. 사라진 기억이다. 누군가 쓰고 버린 휴지조각이다. 멋있다. 남전 스님은 죽으면 "산 밑 신도 집, 한 마리 소가 될 것"이라고 했다던가. (법정, 『한 사람은 모두를 모두 한 사람을』)

모월 모일

　흔히 듣게 되는 말 가운데 '개인적'이라는 저 말. 나는 이 말의 사회적 통용이 불편하다. 우리나라에 개인은 존재하는가. 집단적 사고는 흔하지만 관계에서 해방된 개인은 있어 본 적이 없는 거 아닌지. 입을 열 때마다 이건 '개인적인 생각이다'라고 전제한다. 들어보면 개인적인 척 하는 말이다. 히라노 게이치로가 쓴 『나란 무엇인가』에서는 일본인이 서양어를 번역해 쓴 개인을 분인(分人)이라는 말로 더 분해한다. 분인은 대인 관계마다 드러나는 다양한 자기를 의미한다. 한 명의 분인은 여러 분인의 네트워크이며, 거기에 '진정한 나'라는 중심 같은 것은 없다는 것이 요지다. 불교의 무아사상과 다르지 않다. 내가 없는 것이 아니라 나라고 규정할 내가 없다는 것이 무아의 주변이다. 좀 아는 체 하는 사람이 유튜브 채널에 앉아서 개인적인(?) 말에 의지해 자신의 의견을 펼칠 때마다 나는 사이비 개인을 만나고 만다. 개인적인 나의 생각이다.

모월 모일

"샤넬 드레스 백 벌을 가지고 있어도 여전히 당신은 '입을 게 없어'라고 말할 수 있다. 당신이 갖지 못한 단 한 벌의 드레스가 여성되기의 제복, 즉 여성이라는 질문에 대한 확정적 대답이다. 여성의 자리는 궁극적으로 비어 있기 때문에 언제나 갖지 못한 드레스가 있기 마련이다." 정신분석학자 대리언 리더가 『여자에겐 보내지 않은 편지가 있다』에서 여성을 정의한 말을 나는 시를 정의하는 말로 바꾸어 읽어 왔다. 내게는 언제나 쓰지 않은 시가 남아 있다. 물론 그 시의 정체를 확실히 장악하고 있는 것은 아니다. 그 정체를 모른다는 데 시의 비밀이 숨어 있기도 하다. 시 100편을 썼다고 해도 여전히 한 편의 시가 없는 상황이 내 앞에 있다. 그 빈 구멍의 허기를, 환상을 메우는 일이 나의 시쓰기다. 시인은 구멍 메우는 직업이다. 나는 내 운명의 구멍마개다. 그리고 내가 구멍이다.

모월 모일

이수명의 『내가 없는 쓰기』를 아껴 읽었다. 시인이 그렇게 읽도록 저속으로 썼다. 도서관에서 가져온 책인데 두 번씩 대출 연장을 했지만 다 읽지는 않았다. 대출 연장은 그냥 책상 위에 두려는 욕심이었다. 책을 다 읽지 않는 것은 나의 독서 습관이다. 마음에 든 책은 다 읽지 않고 남겨 둔다. 다 읽고 나면 아쉽지 않은가. 어린 날 맛난 과자를 숨겨놓고 조금씩 꺼내먹는 습관이 독서에 남아 있는 셈. 시인이 쓴 시 바깥의 글을 아껴 읽는 일은 나로서는 드문 일이다. 송승언의 『직업전선』도 읽다가 남겨 두었다. 이수명도 리뷰하게 될 것이다. 나에게 그런 책이 있다는 것은 기쁜 일. 이수명이 누군지 모른다. 이수명은 이수명이겠지. 나의 힘은 모를 때까지만이다.

모월 모일

"처녀 시절 잉그리드 버그만을 닮은 김수명은 2005년에 쓴 졸시 「옛날 현대문학사」에도 모습이 보인다. 오빠 무덤 곁을 안 떠나는/ 일흔 살의 정적도 이쁘다/ 이쁜 것을 회 쳐 먹는 세상/ 50여 년 전 종로 5가 골목 현대문학사/ 누이 모습을/ 가슴에 넣고 살면 어떠리." 김영태의 『초개 일기』에 보이는 문장이다. 일흔 살의 정적. 김영태 유작전을 보고 나와 쓴 시가 있는데 찾지 못하겠다. 그러다 보니 그 시가 더 읽고 싶어진다. 나도 일흔의 정적 근처를 지나간다. 김영태 선생님, 저도 마음은 날마다 봉두난발입니다요, 잘 계시지요? 초개(草芥)라는 아호는 탐이 난다.

모월 모일

시를 잘 쓰겠다는 마음은 대체로 불순하다.

유부녀가 순결하고 싶은 마음만큼 속절없고 어이없는 결심이다.

시를 읽고 감격하는 마음은 더 수상하다.

시는 그냥 지나가는 것.

'환한 햇빛 속을 손을 흔들며 지나가는'(김춘수) 누구처럼.

모월 모일

 내가 시집을 내는구나. '또'라는 부사어를 문장 앞에 던져놓는다. 그것이 사실이기 때문. 시집을 내셨더군요. 부지런하십니다. 이런 인사치레를 하는 사람이 있다. 나는 대답한다. 아, 네. 그렇습니다. 뉴스거리는 아니고 웃음거리지요. 시집 원고를 정리하고 순서를 잡고 두어 달 정도 숙려기간을 가졌다. 말들이 저절로 익고 빈자리나 어색한 구절들이 제자리를 찾아가는 양생과정이다. 이번엔 어느 출판사에 출판을 의뢰해야 할지를 고민하는 것도 이 기간이다. 두어 군데 출판사에 투고해보기로 한다. 작품을 쓰는 동안 작가는 언제나 신인이다. 출판사에 투고한 사실마저 잊고 있을 즈음 한 출판사로부터 정중하고 건조한 거절 메일을 받게 될 것이다. 아무렇지 않은 건조한 충격도 내가 아끼는 '오늘의 시'다.

모월 모일

 외롭고 싶은 날은
 거리를 걷는다. 쏘다닌다. 걸어서 이곳저곳에 도착한다.
 누군가 머물렀다 금방 떠난 자리에 앉아본다.
 온기가 남아 있다.
 누구였을까?
 그가 나였을지도 모른다.

그도 나 같은 거리탐색자였을 것

그리운 나의 시적(詩敵) 자아

모월 모일

모든 이해에는 환상의 위험이 있다(라캉 세미나).

모월 모일

나는 짧은 손가락으로 세상을 본다

먼 데 보이지 않는 곳을 보려고 한다

가끔 절망하고 가끔 희망의 끝에 앉아 있다

자신의 관점 밖에서 타오르는 불길을 바라보는

산불 감시원의 고독

모월 모일

내 인생에는 죽음이라는 매우 귀찮은 절차가 남아 있다 (서경식).

모월 모일

늘 생각하라. 뭔지 모르는 것을 생각하라.

김환기가 1969년 10월 6일 일기에 쓴 문장.

모월 모일

 선생에게 시는 무엇인가. 모르겠다. 어제까지는 안다고 믿었지만 그것도 내 시를 구속하는 방편이었다. 그것을 벗어나고 싶다. 자기 처소가 없는 짐승이 되고 싶다. 홈리스 같은. 누가 시를 잘 쓴다고 했을 때 나는 그 시인이 시에 실패하고 있다고 재고한다. 시를 모르면서 쓰는가? 그렇다. 왜 쓰는가. 운명적으로 쓴다. (녹음된 웃음소리 삽입) 시는 관성을 넘어서려는 게 아닌가. 관성이 무엇인지 모른다. 좋은 시는 어떤 신가? 좋은 시라는 말에 엮이지 않는 시다. 좋은 시라는 합의나 기준은 시를 억압하는 집단적 필터 버블이 아니겠는가. 기준을 부수거나 왈츠풍으로 가비얍게(얍삽하게) 넘어서야 한다. 좋은 시는 좋다고 말하는 당신의 것입니다.

모월 모일

 꿈과 영화와 인생은 경계가 불분명하다(킴스 비디오).

모월 모일

 어제는 동대문역사문화공원역 14번 출구로 나가는 골목에서 해장국을 먹었다. 을지로 4가에서 먹는 해장국 맛과는 다르다. 얼큰한 국물이 위장을 위로한다. 다진 양념을 많이 넣었기 때문이다. 더러는 얼큰한 시도 써야겠어. 하루키 에세이 『비밀의 숲』을 빌렸다. 내게는 없는 책이다. 2007년 문학사상사 판이니 오래된 책. 지금은 2025년. 날씨가 쌀쌀. 내일은 봄눈이 온다는 뉴스. 전철에서 시집을 보낸 지인들의 무반응이 깨우쳐졌다. 덜컹대는 전철이 별생각을 다 건드려놓는다. 무소식 희소식. 아무렇지 않다. 나의 졸저 잘 받으셨지요. 늘 행복하시기를. 오늘 따라 졸저라는 말은 왜 이리 사랑스러우냐. 나의 시는 온통 졸시(拙詩). 옳소. 졸린다.

모월 모일

나는 죄가 많다. 제일 큰 죄는 함부로 숨 쉰 죄. 더 큰 죄는 시답지 않은 시를 쓴 죄. 소소한 죄는 아무도 믿지 않았다는 죄다. 용서받지 못하리라. 삶을 한갓 장식으로 여긴 죄. 네 죄는 네가 아시렸다. 천국의 문지기가 말하겠지. 저쪽으로! 어디요? 지옥. 나는 지옥으로 걸어간다. 거긴 생각보다 지인들이 많아서 지루하지는 않을 것이라는 안도감.

모월 모일

  레이먼드 카버의 시 「보조금」의 몇 줄을 소리내어 읽는다.
  외로운 사람처럼.

    나는 마흔 다섯 살. 직업은 없다.
    이런 인생의 호사스러움을 상상해보라,

모월 모일

 아직도 해설이라는 게 남아 있다는 사실에 놀라면서. 시집 해설 원고를 썼다. 해설은 단지 시인을 설득하는 몸짓이다. 해설에는 다른 독자가 읽을거리도 남겨두었다. 시의 밑바닥까지 싹싹 긁어내는 것은 시에 대한 윤리가 아니다. 어쩌면 시인이 해설이 마음에 들지 않는다고 원고를 고쳐달라고 연락이 올지도 모른다. 아직까지는 그런 일이 없었다. 그것도 이상스러운 일이다. 초고를 마치고 가벼운 마음으로 췌언을 달아둔다. 사람들이 광화문 탄핵 집회로 간다. 어떤 시인은 상계역에서 붕어빵을 사먹고 있다. 저들은 자기가 하는 일을 알지 못하나이다. 이 봄에 솔까말 시인이라는 말은 다만 너무 낡아서 오로지 서글프도다. 시인이 많아서 시는 발전(發電)하지만 세상은 밝아지지 않는다는 판본이 오늘도 실시간으로 상연되고 있구나. 레토릭으로 장식되는 민국의 나라. 『이 글을 읽는 사람에게 영원한 저주를』 뜬금없이 마누엘 푸익의 제목이 흘러가는군.

모월 모일

 시쓰기는 이제 (어쩌면) 나의 취미활동이다.

 이렇게 쓰고 보니 무언가는 이상하다. 전력을 다해 쓰는 시인들이 수두룩한 판에 시쓰기를 취미라고 말하는 건 좀

(많이) 뻔뻔스러운 노릇이다. 그러나 어떻게 말해도 시가 직업은 아니다. 매달 몇 편씩 쓴다고 월급이 나오는 건 아니다. 나는 습관적으로 끄적이며 여기까지 왔다. 슙! 시인이라는 말에 얹혀서 살아왔다고 할 수도 있다. 여러 권의 시집도 냈으니 직업은 아니지만 취미라고만 여길 수 있는 단계는 넘어선 게 아닌가. 그렇다고 나의 작업에 대한 업계의 평가가 있는 것도 아니므로 나의 자부심은 자부심대로 내 안에만 흘러넘치는 물결이다. 신작 시집을 내면 어디 가서 우쭐해보고 싶기도 하지만 그건 다 엊저녁까지의 일이다. 돋보기 걸치고 난독증에 시달리는 지인들에게 시집을 줄 수도 없다. 치아가 부실한 사람에게 소고기를 권하는 건 자연스럽지 않다. 내가 쓴 신작 시집이 나오는 날은 잠깐 아주 묘한 감정에 사로잡힌다. 야릇한 기쁨과 야릇한 우울감이 뒤섞여서 온몸을 적신다. 몇 번의 필자 교정을 봤다지만 수정되지 못한 채로 버젓이 인쇄된 글자가 보인다. 아무렇지 않은 듯 문장 속에 섞여서 살게 될 그 오자가 나의 시만 같다. 시집의 여기저기를 넘겨본다. 나의 시쓰기가 직업의 단계로 넘어가지 못하고 취미의 영역에 머무는 장면이다. 시를 쓸 때는 빠른 속도로 쓴다. 궁리하다 보면 시는 사라진다. 나뭇가지에 앉은 참새가 자기 기척에 놀라 날아가듯이. 누구나 그렇듯이 쓰고 있을 때는 진지해진다. 어떤 말을 넣었다 뺐다를 반복한다.

넣고 나면 역시 빼는 게 좋아 보이고, 빼고 나면 아무래도 넣는 게 옳게 보인다. 마땅한 답이 없는 문장 앞에서 붓방아를 찧어댄다. 이 순간 시적 무념 속에 머물 때 나는 취미의 영역을 넘어선다. 언어에 기대면서 언어 밖으로 나가고 싶은 충동에 사로잡힌다. 아무도 모르지만 작업의 외로운 진심 같은 것이 움직인다. 내가 시를 쓰는구나. 업계와 동료의 인정 없이도 글작업을 하고 있구나. 1인칭으로 살아내려 애쓰는구나. 시쓰기는 괜찮은 직업이구나. 인터넷에 소개된 내 시집 소개는 무슨 쇼 같다. 사실을 감추려드는 위조문서 같다. 취미와 직업의 한가운데서 나의 시는 오리무중이 되고 만다. "60년 동안 수십 권을 쓴 긴 글들은 생각나지 않고／ 뜬금없이 솟아나는 작은 글들이 모여／ 얇은 책을 꾸민다.『강원도의 눈』／ 시집이라고 우기고 싶지는 않다." 평론가 김주연 선생이 노년에 문득 시집을 내면서 쓴 작가의 말이다. 시집이라고 우기고 싶지는 않다는 문장을 막막한 심정으로 다시 읽는다. 선생은 그렇게 말할 자유의 품격이 있지만 내게는 그런 여지가 있는 것도 아니다. 내가 쓰는 글의 마지막 문장을 찾는 중이다.

모월 모일

 사회과학 고등연구원은 계단식 강의실이나 대강당에서 특강을 위주로 하는 학교가 아니다. "친구들을 만나고, 그들과 당신이 최근에 낸 책 얘기를 나누고, 때때로 학생이 이런 멋진 수업에 참여하곤 하는 그런 곳이죠"라고 역사학자 피에르 로장발롱이 재미있다는 듯이 말한다. 그곳은 바르트라든가 데리다, 푸코나 레비스트로스 같은 사람들을 오가는 길에 마주치곤 하는 대학 아닌 대학 같은 곳이다.

 월요일마다 일반 대학의 세미나에 참석하는 학생들과는 너무나 다른, 아주 괴상한 학생들 무리가 와서 U자형 테이블 주위에 둘러앉아, 우울한 시선에 단조로운 어조로 질질 끌 듯이 말을 하는 이 멋진 작가의 얘기에 귀를 기울인다. 참석자들은 뒤죽박죽이다. 우선 파리 16구에 정착한 루마니아 상류층 출신 귀부인 셋이 있다. 진주 목걸이며 반지며 빨간 손톱을 드러낸 채, "선생이 재담을 한마디 할 때마다 오르가슴에 빠진 듯한 얼굴로 웃음을 터뜨리는, 미장원에서 머리 단장을 하고 오는 까치 세 마리"라고 소설가 시모네타 그레지오가 농담처럼 말한다. 랍비(질 베른하임), 시각장애인인 천재 사진사(슬로베니아인 예프게니 바프차르), 독학생들, 미국인들, 두 명의 번역가, 무일푼의 아주 어린 이탈리아 여학생 등등…. "나는 그의 책을 읽으며 프랑스어를 익혔어요. 내가 알던 위

대한 작가들은 모두 죽었죠. 그러다 마침내 살아있는 한 사람을 만난 거예요." 시모네타가 내게 그렇게 말한다.

여기서 그는 밀란 쿤데라다. 그가 열었던 세미나에 대한 얘기. 쿤데라는 매주 세미나를 열었으나 문학 일반에 대한 얘기를 한 것은 아니고 그의 문학 얘기를 하기 위해서라고 한다. 그는 소심했고 조심스러웠으며 언제나 방어적이었다는 증언이 있다. 학생들에게는 중부 유럽 문화의 한 특징으로 보이는 친교나 극성을 경계하는 듯한 쿤데라의 태도를 매력적이고 신비스럽게 느꼈다고 한다. 아리안 슈맹이 쓴 책 『밀란 쿤데라를 찾아서』 106쪽에 박힌 문장을 읽는다. 각설하고, 이런 책, 이런 저자가 부럽네. 한국문학은(이하는 생략한다, 마침표 없이)

모월 모일

근심은 시인의 직업이다. 시가 쓰여지지 않아서. 시가 술술 쓰여져서. 시집이 팔리지 않아서. 이번엔 시가 좀 팔려서. 독자들의 실수로 시가 좀 많이 팔려서. 저기보다 못하다고 생각하는 시인이 문학상을 받아서. 상금이 부러워서. 이래저래 시인은 근심이 많다. 시여, 근심이여, 훠어이 훠어이.

모월 모일

  데이비드 린치가 죽었다

  그게 누구야?

  몰라도 좋은 게 세상엔 꽉 찼다

  인생 아무것도 없다는 신념으로

  팔짱 끼고 바라보면 세상사는

  맨 정신으로 떠오르더라

  손에 들고 나갈 깃발이 없으니

  광장에는 못나서고 뒷방에서

  야한 유튜브를 구독하고 있는 당신이

  나의 동지다

모월 모일

  시를 단념한 시

  끝내 쓰여질 수 없는 시를 기다리는

  당신은 내가 아는 매트릭스다

  色卽是空 本無自性

  시는 당신의 어지럽고 한가로운 잡음

  그 이상은 시가 아니라 잘 퇴고된 격언일 것

모월 모일

 시집이 나왔다. 『하루의 기분과 명랑을 위해』가 그것. 시집이 온다는 택배문자를 받고 잠깐 아주 잠깐 가슴이 뛰었다. 0.5초 정도. 고마웠다, 내 심장. 이건 꽤나 드문 일이다. 책을 자주 낸다지만 늘 이러는 건 아니기 때문이다. 이번의 예외적인 가슴 뜀에 대한 이유는 모를 일이다. 시집이 나왔으니 자작 잔치를 벌여야겠다. 이런 순간 나의 전화를 수신해준 사람에게 감사하자. 『날씨와 건강』에 대해 쓴 강원도민일보에 김진형 기자(그 사이 문화부 차장으로 승진)의 기사를 통째 옮겨놓는다. 기사 제목은 '다 써 버린 시인의 순정, 그래도 문장은 영업중'. 제목이 내 시를 요약한다.

 오현 스님은 '이승훈 시인의 시'에 대해 "이승훈의 시를 읽지 않으면 시인이 된다"고 쓴 적이 있다. 1953년생 시인 박세현은 그러거나 말거나 여전히 쓰고 있다. 독자가 없어도 그는 쓸 것이고, 독자들은 그가 부디 오랜 시간 건강하게 계속 써나가길 바라는 심정이다.

 강릉 출신 박세현 시인이 19번째 시집 '날씨와 건강'을 펴냈다. 지금까지 납품한 책은 총 33권. 이제는 아무것도 아닌 시를 쓰는 것이 그의 전략이다. 아무러면 어떠랴, 이미 쓸 만큼 다 쓴 사람의 막춤이랄까. 시집 제목은 제비뽑기로 정했다고 한다.

그의 시는 관객이 없는 작은 클럽에서 제멋대로 노래를 부르다 음 이탈이 나는 싱어송라이터의 실황처럼 느껴진다. "댄사의 순정"이 흐르는 시 '그대는 몰라'가 대표적이다. 하루키의 재즈에세이에 매혹됐던 자신을 두고 "나는 죽창가를 부르는 친일파인가 봐"라고 언급한다. "희망가도 아까운 민국의 변두리"에서 그는 "날티뿐인 시인도 필요하지 않을까"라고 자조한다.

꿈은 이미 지나간 지 오래고, 문학박사 직함은 별로 관심 없다는 듯 밥 딜런처럼 "아임 낫 데어"를 외친다. 강릉 신영극장에 앉아 홀로 영화를 보고, 빗소리를 들으며 근근이 버티는 그의 모습을 생각하면 이상하게 눈물이 날 것 같다. 포기는 점점 늘어만 간다.

강릉에서 청량리행 KTX를 타고 가는 시간에 쓴 뒷글 '사적인 다큐멘터리'는 시인을 이해하는 단서다. 시인은 "시를 왜 잘 써야 하는가. 동의하지 않는다"라고 분명한 입장을 밝힌다. 그러면서 이승훈의 '모든 사람이 쓰고 싶은 시에 대해'를 인용한다. 여러 가지 사례가 있지만, 박세현은 끝까지 시를 놓지 않았던 이승훈을 잠깐 생각한다. 그리고 독자의 관심은 제껴두고 계속 쓴다.

독자 서비스로 남겨놓은 "어불성설의 바보같은 시"들이 반

갑다. 가령 시 '늙은 아들아'에서 돌아가신 아버지가 꿈속에 나와 "아들아, 늙은 아들아/ 사후세계는 없단다/ 안심하고 살거라"라고 말하는 부분은 폭소를 자아낸다. 퉁명스럽게 부정하면서 긍정하고, 황당스럽기도 한 무의미의 연속은 어차피 그냥 사는 이의 넋두리다. 이 와중에 지난해 8월 시인이 펴낸 소설의 제목은 '쓸모없는 인간'이다. 다분히 의도적으로 문자 바깥의 무언가를 생각하게 만든다. 김진형(2025년 3월 7일자, 강원도민일보)

김진형 기자의 글이 나를 자욱한 안개 속으로 밀어 넣는다. 그랬구나. '그럴 수도 있었겠구나' 하는 독후감이 밀려왔다. 내 안에 알게 모르게 잠복되었던 우울감이 이 기사를 통해 증상적으로 드러났을 것이다. 언젠가 김 기자는 나의 시를 일러 '쉐도우 복싱' 같다고 했던가. 지금은 '관객이 없는 작은 클럽에서 제멋대로 노래를 부르다 음이탈이 나는 싱어송라이터의 실황처럼 느껴진다'고 썼다. 그랬구나. 나는 그랬었구나. 쉐도우 복싱이여, 불가피한 나의 음 이탈이여. 내가 이렇게 썼구나.

모월 모일

  어르신 카드가 있는 친구 몇이 급히 작당하여 공덕동에 모였다. 공덕역 5번 출구로 나가서 만나지는 공덕시장에서 생선구이를 먹었다. 장터생선구이였던가. 고등어, 청어 또 뭐더라. 큼지막한 네 마리가 구워졌고 계란찜과 된장찌개가 올려졌다. 식당 분위기는 거의 1980년대 일일극 드라마의 세트장 같다. 우리는 노인 손님 A, B, C. 먹으려고 만난 사람들처럼 별다른 토론 없이 생선구이를 뜯어먹었다. 한편으로 조금 슬펐지만 뭐 크게 슬플 일도 아니다. 식사대사. 한낮의 경로잔치에 대해 다른 주석은 필요가 없겠다. 공덕역 1번 출구로 나가 경의선숲길을 걸었다. 평일 점심시간이라 넓은 숲길에 걷는 사람들이 그득하다. 여기서도 영춘화를 만난다. 서강대학교가 보이는 카페에서 커피. 다시 걸어서 홍익대를 지나 합정역에서 당구게임을 했다. 하인리히 뵐의 '아홉시 반의 당구'는 아니고 두 시 반 합정역의 당구다. 안전빵으로 칠 수 있는 공이 있고 어떻게 쳐도 하수의 깜냥으로는 빗맞는 각도가 있다. 당구연습을 해야겠다고 생각하지만 실천한 적은 없다. 봄날 하루가 나를 살고 갔다.

모월 모일

 봄길을 걷는다. 걷는다.

 춘분날 오후 종로통을 걷는다. 종로 인파가 만들어내는 그라데이션. 봄은 걷는 것만으로도 충만이다. 걸어서 도착하는 곳은 언제나 나의 마음 한가운데다. 보이지 않지만 만져지는 그것. 말랑거리고 변덕스럽지만 그것 말고 나는 없다. 어디에도 없지만 현존하시는 공(空)이다. 본질 없고 실체 없는 마음을 데리고 아니 마음을 따라서 걷는다. 동대문에 내려서 직선으로 뻗은 아스팔트 위에 내리는 봄길을 걸어간다. 꽃시장을 지나고 광장시장을 지나고 종묘 앞을 지나간다. 5가 앞을 지나갈 때는 이 근처 어딘가는 옛날 그 현대문학사가 있었던 자리다. 거기가 어딘지 찾을 길은 없다. 혹시, 이 근처에 현대문학사 있던 자리를 아시나요? 그건 모르겠고, 현대문짝은 저쪽으로 쭉 가면 있을 거요. 내가 교수생활을 할 때는 화장실도 학장실로 보였다. 마음 가는 곳에 실체가 있다. 사라진 현대문학사에 가면 김수영의 여동생 김수명이 편집장 자리에 앉아 봄에 발간할 잡지의 특집과 필진 구상을 하고 있을 것이다. 김관식이 잡지사에서 원고료를 받고 골목 대포집에서 술잔을 기울이는 상상을 해도 좋다. 그 옆자리에 충주에서 올라온 시인 신경림이 미당의 동서 대한민국 김관식과 술잔을 들고 있을 것이다. 그것만으로도 나의 문학사는 홍건하다.

 봄길을 걷는다. 봄의 리듬과 속도에 맞추어 걷는다.

 3월에 강릉에 갔을 때 홍제동 골목 단독주택 담벼락으로 쏟아진 영산홍을 봤다. 봄 들어 처음 만난 꽃이다. 작년에 보고 다시 보는 꽃. 누군가의 마음이 방류되는 순간이다. 핸드폰을 꺼내 사진작업을 했다. 이렇게도 찍어보고 저렇게도 찍어본다. 이 순간이여 영원하라! 파우스트가 이렇게 외쳤던가. 당근마켓에 내 영혼을 헐하게 내놔야겠다.

 종묘 앞을 지나 걸어간다.
 지나가는 사람들이 남겨 둔 걸음을
 방탄조끼도 입지 않은 시인 1인이 대신 걷는다.
 한 사람 건너 한 사람이 시인.
 60이 넘으면 누구나 시인이 된다.
 그래도 시인은 시인.
 시인은 앉아서 똥 눌 때도 시인이 아니던가.
 지나가는 헛꿈에도 손짓하며 걷는다.
 누가 부르는 것만 같아 뒤를 돌아보기도 한다.
 돌아보면 거기에는 낯선 뒤가 있다. 텅 빈 알라야.
 소변이 자주 마렵고 잔뇨감이 있는데 수술해야 할까요?

구민에게는 임프란트 저렴하게 해드립니다.
이 좋은 날 저렇게 빨리들 걷다니
나 말고 다른 사람들이 바보 같다.
결국 나만 바보 같다고 고쳐 쓰게 된다.

봄길을 걷는다. 광화문 교보 앞에 도착하면서 마음은 서행한다. 그럴 수밖에 없다. 잡탕 속을 걸어서 광장의 잡탕 앞에 도착했으니까. 세종대왕이 말을 걸어준다. 시는 많이 쓰시는가? 네. 어떤 시를 쓰시는가? 그저 그런 시를 씁니다. 그저 그런 게 인생 아니던가. 사시사철 불철주야 광화문에 앉아 있으니 그런 성찰이 오더군, 분발하시게. 봄은 짧으니까. 그나저나 괜히 한글을 만들어 자네 같은 청맹과니가 헛고생이 많군. 그렇습니다. 대왕님, 만수무강하십시오.

모월 모일
깨어보니 낯선 아침이다.
오늘 아침도 커피를 마실 건가요?
내가 나에게 묻는다.
그럴 겁니다. 머크컵으로 가득 한 잔.
커피에 정신을 적셔보는 일과의 시작이지요.
아침마다 나는 내가 낯설어 미치겠습니다.

모월 모일

 봄도다리쑥국을 먹는다. 수줍은 쑥향이 올라온다.

 쑥의 무의식이 몸속으로 스민다.

 이런 날은 봄바다에 가야 한다.

 잘못 살고 있다.

 봄바다를 보면서 눈물이 났다.

 그런 일기를 써도 괜찮겠지만 그건 좀 과하다.

 봄바다를 보고 왔다, 이렇게 사실만 쓰는 게 옳다.

모월 모일

  깊은 밤까지 시집을 읽었다

  아침에는 한 줄도 생각나지 않았으니

모월 모일

어떻게 살 것인가
나에게 그런 걸 묻지는 마시오
73세 나는 여태 모르는 일
당신이 지금 숨쉬고 있다면
지금처럼 그렇게 쭉 살면 될 것을
나 같은 멍청이에게 그런 걸 캐묻지 않는다면
이미 충분히 잘 살고 계신 것
시집을 읽고 삶의 방향을 잡는다면
9할은 헛사는 일이 될 것이니
어긋나고 삑사리 나는 삶일지라도
더 추구해 가야 할 길일 것이오
모닝커피 마셨다면 당신
속는 셈 치고 즐겁게
잘 사시는 겁니다 당신
굿 모닝

모월 모일

 가끔이지만 어떤 날은 강릉 시내 한 골목에서 아이스케키 통을 깔고 앉아 팔지 못하고 남은 아이스케키를 빨아먹는 소년이 보인다. 용돈을 버는 목적의 아르바이트 행상이다. 소년의 우쭐한 마음과 아랑곳없이 아이스는 다 녹아서 물이 되었던 것. 그날의 장사는 꽝이다. 소년은 물만 남은 통을 얼음집 감천당에 반납하고 휘파람 불면서 집으로 돌아온다. 나의 문학은 그때 이미 어떤 미래형을 견디고 있었던 것.

모월 모일

 한국시는 온전한가. 바른 방향으로 가고 있는가. 문학사에 더 남을 시는 있는가. 있다면 그건 누구인가. 이름을 대보자. 아무개 아무개 그러다가 그만둔다. 지루하다. 남고 싶은 사람이 남으면 된다. 혹시 문학사가 만석이라면 인터넷 공간에서 버티면 된다. 시인들은 인터넷에 감사하며 안심할 일이다. 시가 시대를 응축 또는 대표한다는 말은 시들하다. 시는 자신의 정념을 흔들며 한 시대의 뒷골목을 지나가면 된다. (건너뛰기) 나는 내 시가 단 하루도 견디지 못하고 사라진다는 사실에 자부심을 갖는다. 내가 보기에 시는 순간적으로 문자에 자신을 비춰보는 시늉이다. 시만 홀로 울게 하소서.

모월 모일

러일전쟁 때 특파원으로 조선에 왔던 미국 소설가 잭 런던(1876~1916)이 틀니를 처음 본 조선인들 앞에서 삼십 분 동안이나 자신의 틀니를 꼈다 뺐다 했다는 일화가 있다. 조선인들은 소설가가 아니라 틀니가 궁금했던 것. 그럴 수도 있겠다. 하루키의 '잭 런던의 틀니'(『잡문집』)에서 읽었던 기억. 나는 그보다 런던이 무명작가들에게서 소설의 소재와 개요를 돈 주고 사서 소설을 썼다는 얘기가 더 흥미롭다. 진짜 소설가답다. 잭 런던에게 소재를 판 대표적인 인물이 뒷날 미국인 최초로 노벨문학상을 수상하는 싱클레어 루이스라고 전한다. 믿을 수 있는가. 그런 건 그닥 의미 있는 논점이 아니다. 소설가는 다 그렇게 하는 게 아닌가. 나는 그렇게 생각하면서 웃는다. 잭 런던.

모월 모일

독립 영화가 있고 독립 연구자가 있듯이 독립 시인도 하나쯤 있다고 무슨 일 있겠는가. 나도 모르게 내가 그 역할을 연기하고 있다는 뒷말. 독립 시인은 계보가 없어야 하고 후계자도 없어야 한다. 당연히 작가조합 같은 소속이 없어야 한다. 작가가 유니폼을 입고 있으면 스타일 구긴다는 말씀. 그대, 마침내 독불에 이르리라.

모월 모일

　시인들 사이에서는 교수인 척

　교수들 사이에서는 시인인 척

　그런 사람들이 미국에도 있는 흔한 모양이다.

　그래서 안 된다는 법은 없으니 심각하게 생각할 일은 아니다.

　문제는 그게 아니라 시인들 사이에서 혹은

　가족들 앞에서 시인인 척 하는 것.

모월 모일

　이 봄날, 환장에는 덜 미친 날이지만

　밥 같이 먹자 연락하는 지인 하나 없네

　꿍짜자 꿍짜

　잘못 살았다는 것인가

　그럴 수도 있겠는데 잘 살면 뭐하겠노

　맨날 모여 밥 먹어야 되겠는가

　개나리 목련 활짝 피는 날이면

　그대 만나 국밥 한 그릇 뚝딱 비우고 싶지만

　꿍꿍 따다 꿍꿍 따

　문 닫고 각자 혼자 마음꽃 피우면

　안 되겠는가 안 될 것도 없지 않은가

　쾌지나 칭칭나네

모월 모일

　내가 시를 쓰는 날은 꼭 비가 온다
　묘하다 비오는 날을 골라서 쓰는 것도 아니다
　묘한 것은 그런 것만이 아니다
　읽고 싶던 책이 갑자기 싫어진다
　내가 나를 달래지 못하고 져버린다
　퉁치고 싶어도 영 이해되지 않는 일이다
　그것은 남한사회의 현상황을 닮는다
　한탕 해잡숫는 게 열망인 좌파와
　그들을 진심으로 돕는 우파는 좌우지간, 동서지간
　맨입으로 사는 축만 가련하여라, 민주주의 만세
　저런 분들이 세금을 축내겠다고 기어나와서리
　오늘도 비가 오는군
　봄비, 마음비, 가슴비, 슬플비

모월 모일

　시는 각자의 신음, 각자의 비명, 각자의 재채기, 각자의 코골이. 시는 그 이상이거나 이하여야 한다. 평균을 조심하자, 항상. 가장 허전한 시는 평론가의 분석에 기대고 싶은 시.

모월 모일

아아, 오늘은 봄날. 내 옷차림은 아직은 겨울옷 그대로다. 둔한 감은 있지만 그런대로 괜찮다. 다산 현대아울렛 파라솔 밑에 앉아 있다. 아내의 운전병으로 지명된 날이다. 아내가 쇼핑을 하는 동안 나는 책을 읽었다. 이 좋은 바람결 속에서 책을 읽다니. 남들 보기에 지루하고 구식으로 보이겠지만 나는 책을 들고 있다. 『안자이 미즈마루』다. 부제가 좋아서 읽는 중이다. '마음을 다해 대충 그린 그림'. 설명은 불필요하다. 안자이 미즈마루가 하루키의 에세이에 삽화를 그린 것으로 많이 알려졌다. 두 사람의 교분은 기억할 만하다. 부러운지고. 나는 마음을 다해 대충 쓰는 시를 쓰고 있다. 시가 뭐라고 마음을 다해 정색하고 쓰겠는가. 슬슬 쓰다가 결구 없이 마무리하는 시. 나는 그런 시를 가지고 싶다. 미즈마루의 일러스트이션은 '꾸깃꾸깃한 양복'의 미학이라고 한다. 그는 세탁물을 다려 입지 않는다는군. 상의도 셔츠도 꾸깃꾸깃. 꾸깃꾸깃하고 후줄근한 시. 봄날에 겨울 외투를 입고 아무 미학 없이 앉아 있다. 여기는 남양주 다산 신도시.

모월 모일

  자고 일어났더니 갑자기 싱거운 시를 쓰고 싶어졌다.

  이렇다 할 의미가 없는 시, 결구도 없는, 쓰다가 만 듯한, 누가 읽어도 아무렇지 않을, 무성의한 시?, 수식어를 얹을수록 어색한, 다른 시집에도 없고 이론에도 없는, 말에 떨어지지(墮) 않는 그런 시 말이다. 싱겁게 웃고 만다. 그런 것도 시라고 부를 수 있는가. 그러니 말이다. 시라고 부를 수 있어야만 시인가. 시창작 세미나에서 한 십 리쯤 떨어진 시라면 좋겠다. 해마다 피는 것이 좀 싱거워 한 해쯤 꽃을 피우지 않는 아파트 정원의 산수유처럼. 그런 시가 있겠냐고 묻는다면 생각해보겠다. 아주 없지는 않을 것 같아서다.

모월 모일

　신촌블루스의 '그대 없는 거리'를 듣는다. 보컬은 강성희. 1집 가수는 한영애. 무방비상태의 오늘 밤은 한,영애와 강,성희 사이에서 녹고 있다.

모월 모일

　에릭 샤티가 자신의 음악에 붙인 지시어 같은 말을 시에다 붙여도 괜찮겠다. 읽는 이의 마음을 미리 준비시켜준다는 뜻도 될 것이다. 지시어만 읽어도 괜찮다는 듯이. 예를 들어 이 시를 열 번 소리내어 읽으시오와 같은. 재미삼아 해보지만 샤티에게 영향을 받듯이 나는 나에게 영향을 받고 한다. 울음을 참는 심정으로, 전철 환승하는 속도로, 인연 끝난 사람 한 번 더 정리하는 마음가짐으로, 쓸쓸하지만 음란한 마음으로, 양치를 하고 읽을 것, 잊혀진 시인의 첫시집을 펼치듯이, 원고료 떼먹혔지만 하소연 할 데 없는 시인이 화를 삭이는 심정으로, 이혼한 전처를 찾아가는 마음으로, 뻔뻔하고 비위생적인 정치인의 지지자를 건너다보는 심정을 감추고, 이런들 어떠하며 저런들 어떠하겠냐는 심정 끝을 어루만지며. 이런 지시어를 시에 붙여봐야겠다.

모월 모일

　나는 후회한다. 후회하는 삶을 이어가고 있다. 날마다 후회한다. 찾아가서 수정할 수 없는 삶의 골목마다 후회가 반짝거린다. 후회는 어두운 빛이지만 언제나 다시 읽게 만드는 텍스트다. 기억의 합종연횡. 후회가 없다면 삶도 없다. 미리 후회해두는 방법도 있을 것임.

모월 모일

　'문학과사회' 봄호 목차에 황동규 선생의 신작시 제목이 보인다. 시는 「오늘」이다. 『봄비를 맞다』 이후에 듣는 신작 소식이다. 앞의 시집에서 시인은 "이번 시집의 시 태반이 늙음의 바닥을 짚고 일어나 다시 링 위에 서는 (다시 눕혀진들 어떠리!) 한 인간의 기록"이라고 썼다. 내 시의 태반(太半/胎盤)도 선생의 늙음을 따라가고 있음이다. 누군가 선생의 시 전문을 인터넷에 올려주기를. 짐작건대, '오늘 하루만이라도'에서 오늘만 남겨놓은 시일 듯.

모월 모일

시는 시인들의 개소리가 아니던가요?

왜 아니겠어요. 그렇게 말하면서 한마디 더 보태고 돌아누웠다.

개소리가 없다면 참소리의 사기성을 밝힐 수 없잖은가, 이 멋진 사람아.

마치 진실이 있다는 듯이 억압하는 그 허위의 외침들.

『진정성이라는 거짓말』(앤드류 포터)

장편의 꿈을 꾸던 밤의 삽화다.

모월 모일

잠에서 덜 깬 눈으로 한겨레 최재봉 선임기자의 기사를 읽음. 윤성희 소설집 『느리게 가는 마음』에 대한 홍보 기사. 소설속 치매에 걸린 할머니의 말이 눈에 닿았음. 할머니는 누구에게나 '애썼다'라고 말한다. 사는 건 다 애쓰는 얘기다. '속았다'는 말은 영동지방의 속언이기도 하다. 표준어권에는 등록되지 않은 말이다. 대관령 저쪽에서는 애썼다는 뜻으로 쓰인다. 속았수야. 이것은 애썼다는 의미의 곡진한 말이다. 시 쓰느라 애쓰고 있는 사람은 시에 속는 사람. 아래의 문장을 시라고 해야 하나 아니라고 해야 하나 망설이며 애쓰는 중.

한때, 나는 한때를
한때처럼 흥청망청 살았을 것
바람 불면 바람에 불려가고
비 오면 흠뻑 비에 젖었던 나날
누구는 나에게 왔고
누구는 빈손으로 되돌아갔다
그 이상의 무엇은 없었으니
한때는 숭고했으며 찬란했으며
더러는 화려하게 쓸쓸했으니
이제, 오고가는 날들 앞에서
나를 전송하듯이 마음을
흔들어줘야겠다

모월 모일

 오전에 은행에 들렀다. 볼일이 있어서는 아니다. 불쑥 들어가보는 것. 일종의 카메오처럼. 이것은 나의 습관. 일종의 소요유(逍遙遊)라고나 할! 손님들 몇. 전광판을 쳐다보며 차례를 기다리고 있다. 다들 지나간 무엇을 기다리는 듯한 장면이다. 등받이 없는 대기석에 앉는다. 볼일은 없지만 오전 한때 은행의 나른한 대기실은 괜찮은 시적 풍경이다. 신문을 집어 든다. 이것저것 시시하고 뻔한 기사를 읽지 않고 넘긴다. 신문이나 방송 매체처럼 맥 빠진 것도 없다. 전국노래자랑처럼 버젓이 남아 있는 관성이 애처롭다. 신문의 사설은 죽은 말(死說)이다. 신문 구석에 문학 기사가 있길래 쭉 찢어서 읽으려다 참는다. 이런 손짓도 가여워졌다. 다시 은행을 나와서 걷는다. 걷는 게 나의 직업이다. 도보없자. 괜찮은 직업이네.

모월 모일

밤에 김오키 인터뷰를 읽는다.

다시 재즈로 돌아가서 시간을 보내고 싶은데 돌아갈 자리가 남아 있지 않을 것 같다. 관악기는 톤이 중요하다고 그가 말한다. 톤을 목소리라 개념한다. 자신의 톤을 만들기 위해서는 노력 밖에 없단다. 관악기의 톤이 그렇듯 시도 그렇다. 문체가 설득력을 끌어낸다고 본다. 같은 노래를 커버한 여러 버전을 들어보면 이 점은 더 확실해진다. 슬픈, 외로운, 젠체하는, 까부는, 둔중한 목소리들 다 좋다. 이도저도 아닌 톤도 흔하다. 시가 그렇듯. 모처럼 그에게서 선 라와 파로아 샌더스의 이름을 듣는다. 프리 재즈 뮤지션. 우리 쪽 가수들도 자신을 뮤지션이라 자칭한다. 은퇴한 아저씨도 걸음 멈추고 웃을 일이다. 뮤지션이 외래어이듯이 우리에게는 그런 개념조차 없는 일. 도스토예프스키와 김수영을 음악에 녹여내기도 한 김오키의 고졸스러운 가방끈에 왜 믿음이 가는가. 예술업자이자 음악업자인 그에게서 어디에도 매이지 않는바다 같은 자유 사짜의 진실 같은 걸 느꼈던 밤이다. 참고로 나는 사짜가 좋다. 3호선 전철에서 스마트폰을 읽고 있는 김오키 씨를 목격한다. 자신의 채널에서 금방 튀어나온 색소포니스트. 목련이 피는 밤이었다.

모월 모일

안나 카레니나의 법칙은 시에도 작동한다. 좋은 시는 저마다의 이유로 좋지만 덜 좋은 시는 모두 엇비슷한 이유로 덜 좋다.

모월 모일

  무당이 내담자 앞에서 방울을 울리듯이
  누군가를 향해 언어를 흔들어대고 있다
  조상 중에 죽은 사람이 있군요
  굿을 해야겠어요

  곳에 따라 비가 오겠다는 오늘의 기상 뉴스
  미세먼지도 조금
  나는 내 얘기를 중얼거리고 있는 중

모월 모일

  내 시집 한 권 보내드릴까요?
  괜찮습니다. 집에도 안 읽은 시집 많거든요

모월 모일

  내 친구는 오래 된 시인인데

  방탄조끼도 입지 않고 경호원도 없이

  광화문 사거리를 지나간다

  역사에 대한 도전인지 객기인지 애매하다

  서글픈 일이라고 썼지만 공개적으로 삭제한다

모월 모일

  내 시집 『하루의 기분과 명랑을 위해』 68쪽에서 오타를 발견한다. '시는 정색하는 장르는 아니다.'(존 케이지) 존 케이지가 저런 말을 했을까. 그런 말 하지 않았다는 근거도 없다. 오타를 눈여겨 볼 만큼 내 시집은 엄밀하지 않다. 연필로 쓱쓱 두 금을 긋고 지우려다 그냥 두기로 한다. 시간이 가면 결국 저 말도 존 케이지의 어록이 될지도 모른다.

모월 모일

조금 전에 내려온 인왕산 기차바위와 개미마을을 뒤로 하고 홍제천 홍제폭포 앞에서 금년판 영춘화를 배경으로 봄 사진을 찍었다. 홍제천을 걸으면서 도보업자는 이 길에 스며있을 추억에 잠긴다. 추억은 홍제천 흐름에 그냥 흘려보낸다. 못 본 척 지나가자. 알라여 안녕히. 오늘 참 많이 걷는구나. 마포구청역까지 걸었으니 도보없자 다웠구나. 구청역 1번 출구에 있는 스타벅스에서 마시는 커피가 진하고 멜랑코리 하구나. 합정역에서 친구와 악수하고 헤어졌다. 간신히 문학얘기를 하지 않고 헤어진 날이다. 밤에는 간만에 김오키를 듣고 나를 적셔줘야겠다. '어제 본 영화' 초고를 생각하면서 잠들자.

광화문역 2번 출구 버스 정류장
유물을 보듯 세종문화회관을 건너본다
하늘은 금방이라도 울 듯
울거나 말거나
도착한 수성동행 마을버스 9번에 오른다
광화문 앞을 지나갈 때
국민들이 천막을 치고 단식을 하고
삭발도 하면서 울부짖는 장면이

총천연색 화면으로 스트리밍된다

단역들이 고생이 많구나

이 하염없는 장면을 롱테이크로 감상한다

스크린이 너무 가까워서

종점에 도착하기 전에 영화는 희극이 된다

70세 이상은 무료 입장

모월 모일

어디로 가는데? 요한네스가 묻는다

아니 자네는 아직 살아 있기라도 한 것처럼 말하는구먼, 페테르가 말한다.

목적지가 없나? 요한네스가 말한다

없네, 우리가 가는 곳은 어떤 장소가 아니야 그래서 이름도 없지, 페테르가 말한다

위험한가? 요한네스가 묻는다

위험하지는 않아, 페테르가 말한다

위험하다는 것도 말 아닌가, 우리가 가는 곳에는 말이란 게 없다네, 페테르가 말한다

아픈가? 요한네스가 묻는다

우리가 가는 곳엔 몸이란 게 없다네, 그러니 아플 것도 없지, 페테르가 말한다

하지만 영혼은, 영혼은 아프지 않단 말인가? 요한네스가 묻는다

우리가 가는 그곳에는 너도 나도 없다네, 페테르가 말한다

좋은가, 그곳은? 요한네스가 묻는다

좋을 것도 나쁠 것도 없어, 하지만 거대하고 고요하고 잔잔히 떨리며 빛이 나지, 환하기도 해, 하지만 이런 말은 별로 도움이 안 될 걸세, 페테르가 말한다

욘 포세의 『아침 그리고 저녁』(박경희 옮김, 문학동네) 끝부분이다. 두 사람이 다른 세상으로 떠나는 장면. 여기까지 자판공사를 벌이다가 이걸 왜 쓰고 있지, 하는 생각. 살아있다는 착각으로 책상 앞에 앉아 자판을 두드리고 있는 나 같은 등장인물. 설거지 덜 끝난 글쓰기가 있다는 듯이. 소설은 마침표 없는 문장으로 이어진다. 번역자는 소설 전체에 마침표는 열 개 남짓이라고 했는데 나는 다섯 개 밖에 찾지 못했다. 이런 걸 헤아리고 있다니. 나도 마지막 문장은 마침표를 찍을 수 없구나

모월 모일

문자의 사각지대. 시의 행간에 부는 바람. 해석은 지루하다. 모든 건 표면에 정좌(正坐)하고 있을 것이니.

모월 모일

입선하듯 서서 쓰고 좌선하듯 앉아서 읽자.

모월 모일

미세먼지 심심한 날. 걷는다. 역시 나는 도보없자. 도서관에 들러 책을 반납했다. 덜 본 책도 있다. 돌아서니 어떤 책을 반납했는지 머리는 먹통이 된다. 상관없다. 어떤 책의 행간을 거쳐 왔음에 의미를 둔다. 혼자 씽긋 웃는다. 진열대에 나와 있는 문예지도 만져본다. 정독할 일은 아니다. 눈에 좀 익은 이름, 덜 익은 이름, 아주 낯선 이름들이 종이 위에서 다투고 있었다. 질러서 말하자면 다들 잘 쓴다는 것. 시를 어떻게 못 쓸 수 있겠는가. 이것이 내 일별 독서의 요점이다. 내 시를 그 사이 어디쯤 끼워 넣고 눈대중으로 수위를 어림해 본다. 어색하다. 누구세요, 하는 것만 같다. 아무래도 줄을 잘못 선 나그네다. 갑자기 으스스 외로워지는구나. 더 외로워져도 괜찮겠다며 나를 다독거린다. 황동규 선생의 시 「오늘」은 여전히 황선생의 시지만 여전히 다르게 읽혀진다.

당신의 시 「오늘 하루만이라도」에서 거추장스러운 '하루만이라도'를 떼어내고 '오늘'만 남겨놓았다. 내일 다시 읽으면 다를지도 모른다. "그래 맞다. 오늘은 풀벌레부터 사람들까지/ 느낌 달고 사는 몸 하나하나의 오늘!/ 새벽 안개 걷는 강물도 오늘을 반기는데./ 집으로 올라가는 엘리베이터 거울에서/ 모자 약간 비뚜루 쓴 얼굴도/ 씽긋 웃었다." 미세먼지 속에서 나도 모자 '비뚜루 쓴 얼굴'처럼 씽긋 웃어 본다.

모월 모일

  미세먼지 센 날 외출하는 게 그렇지만 뭐,
  먼지가 대수일까? 한대수?
  근착 문예지에서 봄시를 일별하고
  미세먼지 싱싱한 거리로 나선다
  이꽃 저꽃 각자의 방식으로 피어나지만
  작년의 그 꽃은 아니구나
  살구나무 노목도 꽃을 꺼내놓고 있으니
  그 열심이 보기에 어여쁘다
  미세먼지는 꽃을 비켜가고
  금방 읽었던 시는 기억에서 떠나버렸다
  이래도 되는 거냐
  안 될 것도 없겠지

미세먼지 징징대는 날이라는 핑계로

지금 내 생각의 총합은 여기까지다. 제목을 달아둔다. '미세먼지 센 날의 인상' 정도. 김영태에겐 「바람이 센 날의 印象」이 있다.

모월 모일
 쓸 것이 없는 날이 있다.
 쌀독에 쌀이 똑 떨어진 날처럼.
 그래도 쓴다. 그래서 쓴다. 그것이 나의 쓸거리다.
 아무 테마 없이도 하루를 살 듯이. 살았던 날 다시 살 듯이.

이런 날은 시를 읽는다. 시가 내 속으로 들어오기 만만한 순간이다. 간만에 보는 이홍섭의 『네루다의 종소리』를 펼친다. 그는 춘천의 달아실 시선 1번 타자다운 안타를 친다. 「백비(白碑)」도 그런 시다. 아무 글자도 새겨져 있지 않은 비석이다. 비석조차 없었다면 당선작이겠지만, 빗돌을 여백으로 남겨 둔 뜻이 비석 있음과 없음 모두를 한꺼번에 넘어서는 경계다. 오즈 야스지로의 무덤엔 무(無)자가 새겨졌다고 하는데 아무리 오즈지만 백비보다는 한 칸 아래가 아닐까 싶다. "죽을 때까지 시를 써서 얻는 게 있다면(있을까?, 이

건 나의 것임)/ 아마도 죽음을 순하게 안을 수 있게 되는 것이리라/ (네 줄 건너뛰고)/ 마침내 모든 언어가 사라지고 백비 하나 우뚝해지면/ 죽음도 차라리 순해지리라" 나는 잠시 침묵. 이홍섭은 고등학교 한참 후배이기도 한데 그런 것에 연연하지 않는 쪽이지만 이런 날은 굳이 그런 사실을 들먹이고 싶기도 하다. 후배여, 시집 읽었습니다요, 초당 순두부처럼. 안 써도 되는 말이지만 제1회 강릉영화제 개막식 때 이홍섭이 초대로 개막식에 가서 양병집의 날목소리도 들었고, 호텔에서 잠도 자는 호사를 누렸다. 말이 났으니 말인데 본가를 코앞에 두고 호텔방에서 혼자 뒤척이던 밤을 적시던 경포의 파도소리. 아침에 황태해장국을 먹고 흐린 경포 바다를 봤던 기억이 저만치 생생하다. 그런 양념으로 이홍섭 시 「빙어」의 끝 두 스푼 픽. "돌아가고 싶은/ 시와 청춘의 그 자리"

모월 모일

군산쯤이었을 것이고
4월이었을 것이고
목련꽃 그늘 아래서
일본식 건물로 남아 있는 동국사까지
도보여행자처럼 걸어갔을 것이고
꽤 멀리 떠나왔다는 기분으로
마음 구석을 돌아보기도 했는데
절마당에는 때마침 때맞추어
목련이 피어났을 것이다
작은 송이가 한껏 입 벌리고 있는
목련나무 아래로 지나가는 한 생각
봄날이구나
도대체 나에게 삶은 무엇인가
바람 살짝 불었는데 한 꽃송이
무심히 허공으로 져버린다
바람은 불지 않았고
다시 생각해보니 그 절집에는
목련나무도 없었던 게 아니었을까?

모월 모일

내가 시를 쓰는 건 전적으로
고물 노트북과 나 사이의 문제다
(평론은 이런 사실을 모른다)
이 좁은(혹은 넓은) 간격 사이에서 나는
생각을 굴리면서 세월을 흘려보낸다
이 말인가 저 말인가
지웠던 문장 다시 쓰면서
여기는 마침표를 찍어야 하나
말아야 하는가를 놓고도 오래 망설인다
내가 하는 작업은 이런 것이다
무엇을 타이핑하는 순간이 아니라 손을 놓고
무엇을 추가할지 던져버려야 할지를 번민하는
번민 같지 않은 번민이 나의 자판공사다
하루키는 퇴고를 '망치질'이라 했구나
시는 거기까지는 아니고
그저 손에 넣고 주물럭거리는 정도
어느 정도 완결되었다고 생각 되면
저장키를 누르고 굳히기에 들어간다
시쓰기의 마지막 양생(養生)단계다
그러나 완성은 없다

고치고 또 고치는 게 맞다

그렇게 뜯어고치고 주무르다 보면

종국에는 제목만 남게 된다

제목 없이 썼다면 백지만 남아진다

마침내 문자도단(文字道斷)에 이르는 것

노트북과 나 사이의 최단거리는 왜 이다지도 멀다니

모월 모일

"글을 쓰는 사람, 글쓰기를 선택한 사람, 다시 말해 글쓰기의 쾌락, 글쓰기의 행복을 경험한 사람에게는(거의 첫 번째 쾌락처럼) 새로운 글쓰기의 발견 말고는 다른 새로운 삶이 (내가 보기에는) 없을 것입니다." 롤랑 바르트의 『롤랑 바르트, 마지막 강의』(민음사) 어느 페이지에 들어 있는 문장이다. 시인에게 새로운 삶은 새로운 시를 쓰는 일. 새로운 시를 쓰는 일이 새로운 삶의 실천이다. 나는 늘 이 문장으로 돌아오지만 여전히 이 문장을 배신한다. 이 문장의 함의 앞에서 좌절한다. 바로 어제 썼던 시와 작별하지 못하고 다시 어제의 시로 돌아가기 때문이다. 새로운 시는 가능한가. 나에게 새로운 시는 어떤 형태이고 그것은 어떻게 가능한가. 나는 이 문제를 이론적으로 밀고 나갈 힘이 없다. 그러면 어떻게 해야 하는가. 이 문제도 내가 알 수 있는 것은 아니다. 다만,

이렇게만 상념할 뿐이다. 쓴다는 것. 반복적으로 쓴다는 사실만 장악한다. 이때의 반복은 순간순간 내 앞에 현시되는 시다. 그것은 방법적으로 일관되고 이론적 층위를 갖지 않는다. 그냥 쓰여질 뿐이다. 독자의 입장에서 내 시는 쉽게 읽히고 쉽게 잊혀질 것이다. 나는 이 대목을 스스로 지지한다. 나의 시는 그렇게 존재하는 게 맞다고 보기 때문이다. 시가 형식을 통해 존재하는 장르지만 그것을 벗어나야 한다고 본다. 언어의 결길을 가야 한다. 써놓고 보니 주제넘은 문제다. 내가 나에게 당부하겠다. 시는 누구에게 읽히고 어떤 해석을 소구하는 글쓰기가 아니다. 그런 시가 있고 그런 관행이 지속되지만 그건 문단의 습성일 뿐이다. 거기에 의존적일 필요는 없다. 그러므로 새로운 시는 각자의 문제가 된다. 실시간 작곡이라 말해지는 재즈의 즉흥연주는 이 점에서 내 시쓰기에 영감을 준다. 갔던 길을 가지 않으려는 재즈의 속성에서 나는 배운다. 늘 비슷하지만 늘 다른. 늘 다른 지점이 있는데 늘 같은 것으로 환원시키려는 독자도 있겠으나 거기까지는 나의 문제가 아니다.

모월 모일

"사람들의 마음의 벽에 새로운 창을 내고 그곳에 신선한 공기를 불어넣고 싶다. 그것이 소설을 쓰면서 항상 내가 생각하는 것이고 희망하는 것입니다. 이론 따위는 빼고, 그냥 단순하게." 『직업으로서의 소설가』에서 하루키 선생이 쓴 문장이다. 시인도 그런가, 생각하는 중이다. 대체로 동의하고 싶은데 그런 시가 있는가에 대해서는 더 생각해봐야 한다. 나라고 왜 시인들의 명단을 술술 읊어대고 싶지 않겠는가. 그렇군. 아무래도 시는 자신의 벽에 창을 내는 일이라는 생각이다. 종일 벽을 더듬고 있는 하루.

모월 모일

'인생은 우리가 사는 그것이 아니라, 산다고 상상하는 그것이다.'

이거 누구 말이지? 기억의 수면 위에서 동동거린다.

사는 일이 꿈속이라는 내 생각에는 잘 겹쳐지는 문장이다. 한 편의 봄꿈. 사는 게 춘몽의 한순간에 다름 아니다. 삶은 누구에게나 아기자기한 픽션이다. 기쁘면서 외롭고 슬프면서도 지루하다. 내일이면 먼 데서 누가 찾아올 것만 같다. 기다린다. 오는 사람 없지만 늘 기다린다. 오늘 하루도 그렇게 지나갔다. 시 없는 하루를 견디는 시인처럼 살았다. 이쯤에서 가물거리던 문장의 출처가 떠오른다. 『리스본행 야간열차』. 시는 내가 쓰는 것이 아니라, 쓴다고 상상하는 그것이라고 말해도 과하지 않다. 이 밤에 나도 야간열차에 몸을 싣는구나. 그곳이 리스본이 아니라 동해안 어느 작은 항구일지라도. 파도소리에 몸을 좀 적시고 돌아오자. 남애항을 떠돌던 스물 몇 마리 그 갈매기들 울음소리를 귀에 넣고 오자.

모월 모일

카페인 후유증인가 잠 못 이루고 뒤척였던 밤이다. 이 생각 저 생각에 끌려 다닌다. 시집을 만들었으니 몇몇에게 주기는 줘야겠지. 읽어주시면 고맙겠습니다, 하는 바람을 담아 저자 서명을 한다. XYZ 선생님께. 그 밑에 날짜와 이름을 쓰는구나. 여기까지가 다인데 어떤 시인은 약간의 그림과 문장을 보태기도 한다. 건강하세요, 행복하세요 등등. 그것도 멋이 난다. 조병화 시인이 시집에다 꿈이라고 쓰고 동그라미를 크게 그려주던 일이 떠오른다. 그때는 새롭거나 낯설었다. 이건 뭐지, 하는. 요새는 낙관을 찍는 것도 유행인가 보다. 낙관이 찍히고 나면 시집이 완성된 듯 하다. 한양대 국문과 정민 교수가 대학원 시절에 내 본명을 새겨준 전각을 지금도 가지고 있다. 쓸 일은 없지만. 돌로 된 모서리에 화이부동(和而不同)도 새겨주었다. 아마도 나에 대한 충고일 듯. 내 글씨는 불면 날아가고 없을 시건방진 날림체다. 또박또박이나 정자체가 아니다. 불성실하기 짝이 없구나. 내 시는 내 글씨체를 흉내낸다. 아침에는 봄비. 의성 산불. 대한불교조계종 제16교구 본사 고운사 전소.

모월 모일

『하루의 기분과 명랑을 위해』를 출판하면서 인터넷에 올린 시집 표지글과 미니 인터뷰를 작성했다. 저자가 작성한 것이니 후일담으로 옮겨놓는다.

▷시인의 최근 관심하는 무엇인가요?
◁딴생각 하는 사이에 봄이 왔다는 겁니다.
▷시집을 내는 소감을 듣고 싶습니다.
◁굳이 언급한다면
▷굳이 언급한다면요?
◁내가 무언가를 문장 속에 자꾸 쓸어담으려고 한다는 거지요. 그것이 무엇이건 말이지요. 예컨대 의미니 무의미니 그런 거 말입니다. 그런 거 다 한통속이겠지요. 모든 건 한순간 거기 그렇게 있을 뿐입니다. 있다는 착각이지요. 그걸 문자라는 엉성한 뜰채로 건지려드는 사람이 나였다는 말씀이지요.

▷선생의 시론인가요?

◁나는 그저 쓸 뿐입니다. 그게 나의 가여운 시론이라면 동의하지요.

▷앞 시집과 이번 시집의 간격이 너무 촘촘하다고 보는데요?

◁촘촘하다는 말이 듣기에 좋네요. 더 촘촘하고 싶군요.

▷이번 시집에서 새롭게 시도된 게 있는지요?

◁앞 시집을 반복하는 게 새롭다면 새로운 거지요.

▷요즘은 어떤 책을 읽으시는지요?

◁에릭 사티를 읽습니다.

▷에릭 사티를 좋아하시는가 봅니다.

◁맑은 날에도 우산을 들고 다니는 사티가 좋더군요. 비가 오면 우산이 젖을까봐 품에 넣고 다니는 사티는 더 좋구요.

▷앞 질문은 취소하겠습니다. 근황이라면?

◁가끔 산에 가지요. 남양주 철마산.

▷산행 친구는 있습니까?

◁혼자 갑니다. 친구는 거의 전사중(戰死中)이거든요.

▷이번 시집에서 강조하고 싶은 건 어떤 겁니까?

◁모르시겠지만 내 시집은 강조하는 책은 아닙니다. 그냥 징징거리는 거지요. 자의식의 푸닥거리 같은.

▷다음 책을 또 준비하시겠군요.

◁죄송한데 '또'는 빼주세요. 그저 쓰는 거지요.
준비 없이, 방향 없이 혹은 방황하면서.

▷북콘서트 같은 일정도 있는가요?

◁그런 거는 하지 않습니다.

▷왜요?

◁하자는 사람이 없거든요.

▷인터뷰는 여기까지 하겠습니다. 카메라 꺼주세요.

◁내 시 읽어보셨나요? (여기까지는 인터뷰글)

(여기서부터는 표지글)

박세현의 문학은 '산상(山上)에 홀로 장치된 기관총'을 닮는다.

총구가 겨냥하는 방향은 설명되지 않는 외로움.

그는 어디에도 속하지 않지만 자신에게도 속하지 않는

청개구리 좌파를 연기한다.

애오라지 자신의 대리인 또는 위증하는 자신의 참고인이다.

속지 않는 자가 방황한다고 했던가. 언어에 스미지 못하고
그는 속절없이 남아도는 잔여 속을 떠다닌다.

외롭고 싶을 때마다 시의 방아쇠를 당겨보는 무망한
끄적거림이야말로 그의 문학이 아니던가.

모월 모일

 재즈 베이시스트 최은창이 쓴 『재즈가 나에게 말하는 것들』(노르웨이숲)을 읽고 있다. 책 뒤편에는 책에서 언급된 재즈 아티스트들의 프로필을 간략하게 그러나 요령 있게 소개하고 있다. 리 모건(Lee Morgan, 1938~1972) 부분에 눈길이 멈춘다. "하드밥 시대를 대표하는 스타 트럼펫 연주자 중 한 명"이며 아트 블레이키, 존 콜트레인, 웨인 쇼터 등 당시 가장 뛰어난 밴드 리더들과 연주했다고 적혔다. 그의 거침없는 솔로는 가히 천재적이라는 평가. 리씨는 1938년생. 시인 황동규 혹은 작곡가 신중현이 세상에 온 해다. 즐거운 우연이다. 나는 이런 데다 무슨 의미 같은 걸 붙이려고 애쓴다. 헛수고여, 수고하시라. 리 씨에 대한 소개글 마지막 문장은 "무대 위에서 애인의 총에 맞아 사망했다는 일화로 기억되기에는 아까운 존재"이다. 음. 나는 이 대목을 시에 쓴 적이 있다. 두음법칙을 적용해 리 모건을 '이 모건'으로 표기했고, 애인을 조심하자고 시에 썼던 것.

모월 모일

 김정미는 1953년생. 신중현의 페르소나. 몽환적인 음색. 1975년 대마초 파동의 와중에서 후견인 신중현이 가요계에서 침몰하자 김정미도 노래를 접고 1978년 미국으로 이민했다.

그후 그녀는 한국과의 커넥션이 일체 없다. 지금까지다. 자투리 뉴스 한 자락 없다. 연기처럼 사라지다. 그렇게 사라진 김정미는 그것만으로도 찬미할 이유가 된다. 봄꽃들 몽환적으로 피어오르는 오늘 그녀의 '햇님'(은 원곡 표기)을 듣는다.

모월 모일

  시집에서 오자를 발견하고 신고해주는 분도 있다. 고마운 일이다. 시집에서 시가 아니라 오자를 읽으셨구나. 고쳐서 읽으시지, 시는 각자의 처지에 맞춤하게 고쳐가면서 읽어야 할 문장이 아니겠나. 오자는 저자가 한눈파는 사이에 저자의 세계관과 환각에서 빠져나가 문장에서 스스로 생성되는 증상이다. 시라는 통념에 균열을 내고자 하는 문장의 일념. 오자는 저자가 모르는 무의식이다. 오자가 가리키는 곳이 그 시의 환상이라면 더 무슨 말을 하겠는가. 『하루의 기분과 명랑을 위해』 86쪽에는 놀라워라, 한 글자가 도망갔다. '이런 싸가지 읎는 시가 나를 대신한다구?'에서 '읎'이 실종된 것. 이제야 발견하는군. 저자의 교정망을 피해서 도망치다니. 활자가 빠진 깊은 구멍을 들여다본다. 사라진 글자의 행운을 빈다.

모월 모일

 나에게 시란 무엇인가. 나의 답변은 오리무중이지만 지금 쓰고 있는 시가 나의 시다. 시는 나에게 어떤 현전(現前)이다. 나도 모르게 순간순간 내 앞에 닥쳐와 깜빡대는 사물과 사실과 기억과 모호한 생각들이 모이고 뒤엉키면서 가리키는 어떤 혼합물이 내게는 시가 된다. 그때마다 나는 옛날 국민학생처럼 받아쓴다. 나의 받아 적기는 오자와 탈자 혹은 맞춤법에 맞지 않는 오답의 연속이다. 그 어긋남과 틀림을 내 시로 받아들인다. 작정하지 말고 무작정하고 쓸 것. 내 논리는 가난하지만 남의 논리에도 휘둘리지 말아야 한다. 독서를 조심할 것. 적게 읽을 것. 한 줄도 읽지 않는 단계를 향해서. 빈 벽이 좋아서 벽에 아무것도 장식하지 않는 사람. 그에게는 빈 벽에 대한 윤리 같은 것이 작동한다. 3월이 다 지나가고 있다. 시가 되지 못하고 지나가는 순간들이 시였구나. 나의 증상은 이렇게 완성되어간다.

모월 모일

 봄물소리에
 마음을 헹군다
 브런치 작가처럼 노트북에
 일기를 써보자

내가 쓴 글을 읽고 있는
나는 또 누구신가
오지 않은 마음도
흘러간 마음도 담아두지 말자
봄물 흘러간 마음속에
싱싱한 물길이 열린다

모월 모일

흐린 날은 바다에 간다
쨍해도 상관없는 날이다
사천항에서 물회를 드시고
더 북으로 올라가 남애항을 만난다
두 달 전 내 이마 위로 날아오르던 갈매기
어떤 녀석도 내 시 속으로 들어오지 않았다
항구 주변을 이리저리 걷는다
멀쩡한 배 사이에 좀 수상한 배 한 척
나를 발견하는 것이 오독은 아니다
파도에 귀를 씻으며 남모를 수상함으로
잔뜩 거기 그렇게 존재하시게
일없이 항구 주변을 어슬렁거리며
꿈 깬 자의 꿈을 꾸는 나 같은 사람을
한낮의 도보업자라 불러다오

모월 모일

오늘부터 4월이다.

이렇게 써놓고 다음 말을 기다려야겠다.

어제는 정동진 옆 심곡항에서 금진항으로 계속되는 헌화로를 걸었다. 역시 나는 도보업자가 좋구나. 돌아오는 길에 학산 테라로사에 들러 일찍 핀 벚꽃을 구경했다. 웅장한 테라로사 옆에는 초창기 건물이 박물관처럼 남아 있다. 분명하고 또렷한 추억도 시들지 않고 거기 있다. 대관령 코밑. 굴산사지는 다음에 들르기로 한다. 다음은 다음.

모월 모일

시는 너무 중요한 문필형식이기에 시인들에게만 맡길 수 없다는 의견이 있다. 좋은 시가 부족하지 않다는 사실을 해명하기 위해 대충 쓰자. 쓱쓱. 뚝딱뚝딱.

모월 모일

C-AM-DM-G7-C

이렇게 진행되는 코드.

이것은 스무살 적 나의 맨살을 적시던 파도소리.

모월 모일

아내가 새벽잠에 들어 있을 때
조용히 산책에 나서듯이
그렇게 사라지는 게 꿈이오
아내가 전화로 당신 어디냐고 물으면
차분하게 대답할 수 있어야 한다
여기 저승이야, 환승 대기중이거든
생각보다 가깝군
아내는 살짝 놀라면서 말하겠지, 벌써?
응, 근데 여기도 장난 아니다
그쪽과 별로 다르지 않거든
죽은 뒤 갈 곳의 보직 심사를 기다리는데
좋은 데 가겠다고
돈 쓰는 인간도 있다는군
전직이 대통령이라나
괜히 일찍 왔나 싶어

모월 모일

시를 묻는다면 '내가 쓰는 게 시'라고 대답할 수 있어야 한다. 엘라 피츠제랄드처럼 확신에 찰 수 있다면 말이다. 그렇든 저렇든 그런 질문은 싱거워졌음이다. 내가 지금 쓰고 있는 게 시다. 당연한 결론. 그러나(이 접속어는 여기서 왜 이렇게 근육질이 되는가) 시가 아니면 어떤가. 문자는 생각을 잠시 드러내는 가장(假裝)이자 얼룩이다. 가장무도회만큼 가장을 잘 설명하는 말은 없구나. 시를 쓰고 그것을 시장에 내놓는 것은 세상적 가장무도회에 참가하는 일이다. 오늘은 장사가 안 되는 날이군. 좌판을 접어야겠어. 내일 다시 나오자. 좀, 다른 물건을 들고.

모월 모일

 "나는 용서한다. 네 몸, 내 몸을,/ 나의 눈, 나의 귀, 나의 코, 나의 입을./ 나는 용서한다. 모든 형용사들, 부사들을,/ 모든 비교급들과 최상급들을, 모든 문장들을,/ 나는 용서한다. 내가 썼던 시들과, 내가 쓸 시들을,/ 그리고 그것들을 읽었던 혹은 읽을 모든 눈들을"(최승자의 「나는 용서한다」). 봄날에는 더 진하게 파고드는군. 누군가에게 미안하다, 고 말하고 싶어진다. 내용은 모르겠고 그냥 미안하다는 말의 형식이 내용을 채워주리라 믿는다. 저 시에서 특히 밑줄 긋고 싶은 곳은 '모든 형용사들, 부사들을' 용서하고 싶다는 문장이다. 내가 남용한 형용사와 부사에게 미안하다. 헛손질 같은 그 품사들이 좋았다. 어차피 나의 시는 명사나 동사의 세계는 아니었던 것. 부질없는 꾸밈과 형용모순의 중얼거림이었던 것. 용서한다는 말도 용서하고 싶다.

모월 모일

"불안해서 시를 쓰고 불안해서/ 전화를 걸고 불안해서 시를 분/ 석하고 책을 내고 술을 마시고" 이런 시를 접하면 덩달아 시를 쓰고 싶어진다. 불안하고 싶다. 전염된 불안. 그러네. 불안해서, 불안해서, 오직 불안해서 가설라무네 에, 또 시 한 줄 쓰고 싶어진다. 이승훈의 「서울에서의 이승훈 씨」를 읽고 있으면 다른 시에서 느낄 수 없는 불안한 평화가 나를 파고든다. 내가 견디는 것은 한 겹의 우울과 만성적인 외로움이다. 사치스럽군. 사치 한 줌에 기댄다. 오후는 흐렸고 마음도 흐렸다. 읽으면 개운해지는 실용시 같은 게 있으면 좋겠어. 알약을 삼키듯이 이승훈을 읊조린다. 불안해서, 불안해서.

모월 모일

우체국에 가서 시집 몇 권을 부쳤다. 시집을 보내준 시인에게 보내는 답례다. 시집의 수신자가 줄어들더니 이제는 거의 전무가 되었다. 저 사람은 내 시를 읽어줄까? 이런 기준으로 생각하다 보면 보낼 곳은 줄어들고 또 줄어든다. 종내는 혼자 읽게 된다. 심하다. 눈 딱 감고 보낼 수야 없지 않은가. 이 사람 약 먹었나. 왜 나한테 시집을 보내지? 이런 상상에 시달리지 않도록 조심한다. 시가 보편성을 덜어낸 지 오래 되었다. 누가 읽어도 좋을 시는 거의 없다. 읽으면서 밑줄 긋고 싶은 실용시들이 없는 건 아니지만 이제 그런 시대가 끝난 지도 오래. 시는 각자의 리비도를 향해 나아갈 뿐. 할리우드 영화의 문법이 있듯이 한국시의 문법도 엄연하다. 하나의 틀 속에서 움직인다. 그것은 새롭다는 관용어의 범주 안에서만 새롭다. 각설하고. 시집을 냈는데 보낼 데가 없다는 것도 대박이다. 이런 상황이 나만의 문제는 아닐 것이라고 짐작한다. 문학의 현실 같은 것을 되뇌자는 게 아니다. 내가 시에 갇혔구나, 하는 우울하지만 당면한 생각. 스위스에서 조력자살로 생을 마감한 장 뤽 고다르는 죽기 전에 18분짜리 단편 '시나리오'를 만들었다. 그의 마지막 영화다. 장은 "'시나리오'를 읽는 것과 보는 것의 중간, 정지 이미지와 움직이는 이미지를 결합한 영화"라고 했다. 그의 유작 중에는 '결코 존재하지 않을 영화의 예고편'도 있다. 제목만으로도 군침이 돈다. 가보지 않은 여행지에 대해 말하는 것처럼. 지금 내가 무슨 말을 하고 있는지 헷갈리는군. 시집을 보낼 곳이 확 줄어들었다는 얘기를 하면서 여기까지 왔다. 어쩌면 시의 본질과 맞닥뜨린 국면이다. 구경꾼을 젖히고 시와 대면하는 순간. 시라는 기표. 시의 거죽을 벗겨내고 시속으로 들어간다. "번역이 배신인 까닭은, 혼란스러운 언어를, 부유하는 기의를 일시적으로나마 고정하려고 시도했기 때문이다. 번역은 끝없이 변화하는 언어를 한순간이라도 고정하려고 애쓰는 덧없지만 불가피한 시도다. 무수한 가능성 가운데 하나를 선택하고 다른 것들은—대부분—저버리는 일이다. 누구나 알 듯이 어떤 번역도 원문을 있는 그대로 거울에 비추듯 재현하지 못한다. 역설적이지만, 나보코프가 쌓아올린 주석의 탑은 번역이 놓친 것이 얼마나 많은지 시각적으로 보여주는 기념비다 (나보코프가 열거한 것만 들자면 우아함, 좋은 소리, 명료함, 취향, 현대적 용례, 문법이 희생되었다. 그리고 주석의 탑이 뻗으며 여백도 손실되었다. 상상의 여지도, 모호함의 가능성도)." 따옴표 속은 홍한별의 『흰 고래의 흰에 대하여』의 인용이다. 번역에 대한 이해지만 번역이 들어설 자리에 시를 넣는다. 시쓰기의 어려움과 번역의 어려움이 겹쳐진다. 고정되지 않고 미끄러지는 언어를 고정시키려는 애씀이 시쓰기라면 말이다. 그러니 시를 쓴다는 일과 시를 읽는다는 일은 다르게 어긋나는 작업이다. 전혀 다른 느낌의 주이상스다. 결국 내가 쓴 시를 내가 읽고 있는 이 느낌을 어떻게 표현해야 되나. 이런 효과적인 잡념을 끄면서 책을 보내려던 명단 몇을 지운다. 시집을 보내는 일은 받는 이나 보내는 이에게나 번거로운 일이 되었다. 뭘, 이런 걸 보내시나! 커피나 한 잔 쏘시면 될 걸.

모월 모일

 '음대를 나온 것도 아니면서/ 제멋대로 색소폰을 불어대는 그대의 사짜 예술업/ 고졸이 전부인 그대의 가방끈에 믿음이 간다.' 제목은 「음악업자 김오키를 향해 쓰는 시」다. 김오키를 생각하면서 써 본 시다. 음악업계의 관습에 저항하는 그의 작업에 대한 시다. 전주국제영화제에 그가 출연하는 영화 '저 구석 자리로 주세요'가 공개된다. 영화는 보지 못했으나 2분짜리 트레일러 영상으로 그의 색소폰을 듣는다. 영화는 '하루 안에 촬영, 하루 안에 편집'했다고 한다. 공개된 영화 소개글을 잠깐 옮긴다. "김오키의 '힙합수련회' 앨범 전곡 20편을 바탕으로 20명의 인물들이 20개의 순간들을 그리는 옴니버스 영화. 모두 다 같은 구석 자리에 앉지만 각기 다른 날에 다른 시간대와 상태, 그리고 서사를 가지고 있다." 상영 시간 1시간 20분. 감독은 박세영.

모월 모일

 "내 시를 가장 잘 읽어주는 자가/ 진정 애인이다/ 아직 애인 못 구했다" 김윤희 선생의 시 「미니 솔soul 4」이다. 미소. 꽃들이 피어나는 봄철이니 미소의 온도가 더 오른다. 시집 『핵에는 책으로』(책만드는집, 2025)에 인쇄된 시다. 선생은 청마 유치환의 추천으로 문단에 나왔고 수유리에 정박 중이다. 언젠가 선생의 시 「횡재」를 읽고 단평을 쓴 인연이 있다. 깐깐함, 꼬장꼬장함이 선생의 시에 드리워져 있다. "개시도 못 했는데/ 좌판을 걷으라니/ 오늘 장사는 망조다/ 조졌다/ 아침부터 눈비가 퍼붓네"(「난전」) 막 전개되는 이 봄날에 선생의 시집을 홀홀 읽는다. 공연히 수유역에 내린 적도 있습니다. 나는 그나마 좌판이 부러운 행상의 처지. 자학이냐고? 나는 자학을 배우지 못한 사람이외다.

모월 모일

kbs 클래식 에프엠이 11시를 알린다. 벌써 오전 열 한 시야. 오프닝 곡은 '오렌지꽃 향기는 바람에 날리고' 카라얀이 지휘하는 스칼라 극장 오케스트라와 합창을 들으며 좀 걸어야겠다. 괜히 보폭을 넓히면서.

모월 모일

"내일 2025년 04월 04일 집회로 인한 인파 밀집에 대비하여 3호선 안국역을 폐쇄하고 첫 열차부터 무정차 통과하오니 열차 이용에 유의하시기 바랍니다."(서울교통공사) 한심한 나라의 서글픈 안내 문자. 나는 답장하지 않고 문자를 씹는다. 4월의 하루가 또 지저분해지는구나. 본인은 진달래 구경도 해야 하고 게다가 글쓰기도 바쁘니 열차를 탈 시간이 없을 겁니다. 문자는 수신인을 잘못 찾은 것 같습니다. 존경하는 교통공사 사장님 귀하.

모월 모일

 의정부 경전철을 타고 간다. 종착역까지 가서 내린다. 온통 낯선 사람, 낯선 지명을 지나간다. 한국말도 낯설게 들려온다. 여행이 따로 있는 게 아니구나. 가출이 출가다. 솔직한 속도로 더듬거리며 지상을 내달리는 경전철은 놀이공원에 온 기분을 선물한다. 시인은 시대의 기상도가 아니라 자기 공사에 바쁜 개인 영업자다. 시인은 한가로운 멀청이 되었다. 시인의 공적 제스처는 헛짓이 되었음. 가끔 경전철을 타기로 한다. 경전철처럼 가벼워지자고 다짐한다. 이런 날, 이런 순간에 딱 맞는 허름한 시를 쓰고 싶군. 헛꿈들이 막 날아다니는 시를 쓰겠다.

모월 모일

 내가 내 시를 읽으면 언어에 간신히 붙어 있는 어떤 흔적이 보인다. 저것이 내가 원했던 시였던가. 투수 앞 땅볼 같은 시. 그런데 다 사라진 건 아니더군. 시가 없어진 구석 자리에 웅크리고 있는 시적 인물. 나. 시 속에는 이렇게 나만 남는다. 한때, 문법적 주어의 위치에 있었던 바로 그 나. 내가 다시 만날 수 없는 그 나가 거기 있다.

모월 모일

　오늘이 청명이라고?

모월 모일

　다카하시 겐이치로의 『연필로 고래잡는 글쓰기』에서 장뤽 고다르가 영화에 대해 언급한 말이 인상적이다. 그의 지론은 영화를 넘어선다. 내 시를 읽을 독자들을 생각하면 고다르의 의견이 자주 떠오를 것이다. 독자도 저마다 자기 일을 하는구나. 고다르의 글에 소제목을 붙여둔다. '어느 영화감독의 고독한 중얼거림'

"요즘에는 영화를 만드는 건 관객입니다. 요즘 영화는 그 안에 아무것도 없습니다. 예전에는 키튼이라든가 채플린 같은 스타들이 자신의 몸을 사용하여 연기도 하고 연출도 했습니다. 하지만 요즘은 유명한 스타일수록 아무것도 하지 않습니다. 이를테면 스티브 맥퀸을 예로 들 수 있는데, 그가 뭔가 생각에 잠겨 있는 듯한 장면을 자주 보게 됩니다. 하지만 그를 생각에 잠기게 하는 것은 사실 관객입니다. 스티브 맥퀸 본인은 그 순간에도, 혹은 느긋한 주말에도, 아무 생각도 하지 않습니다. 그저 "너는 내가 무슨 생각을 했으면 좋겠어?"라고 말할 뿐입니다. 그리고 장면과 장면을 머릿속으로 연결해서 "그는 이러저러한 생각을 하고 있다"라고 생각하는 건 관객의 몫입니다. 이를테면 그가 벌거벗은 아가씨를 보며 뭔가 생각하는 척 하면 관객은 '아, 그는 저 아가씨에 대해 생각하고 있구나. 그는 그녀하고 하고 싶은 거야'라고 생각하는 거지요. 일을 하는 건 관객 쪽입니다. 관객은 돈을 내고 일까지 하는 겁니다."

모월 모일

  잠 안 오는 밤 뒤척거리며
  철학과 선불교와 시가 가로등 아래서 수인사를 나누는 부스럭거림을 듣는다.

모월 모일

  시는 언제까지 써야 하는가. 정년이 있는가. 나에게는 이것이 난제구나. 그만큼 썼으면 됐지 뭘 더 써. 그런 시선이 나도 모르는 사이에 내 몸에 와 꽂힌다. 음. 그런가. 나는 그만큼 썼는가. 모르는 척 하면서 나는 쓴다. 자동화된 시쓰기다. 좀 그러면 어떤가. 나에게는 시쓰기의 표준도 모델도 없다. 그러니 시가 오면 쓰고 가면 쓰지 않으면 된다. 이제 대충 살아도 되지 않을까. 썼다고 다 시집에 넣을 것이 아니라 좀 남겨두는 것도 예의가 아닐까. 누구를 위해? 그렇군. 이승훈은 심심해서 쓴다고 했다. 그 말이 와 닿는다. 심심한 마음의 공터를 달래기 위해 쓴다. 그것이 왜 나쁘단 말인가. 담배를 피우듯이 시 한 줄을 쓰는 게 허물이라도 되는가. 나는 모든 주로에서 벗어났다. 없는 주로를 달리고 있다. 누가 말한다. 아자씨, 그리로 가면 안 됩니다. 길이 아니예요. 그런 소리를 귓등으로 흘려듣는다. 엄청난 정신과 에너지로 달리는 건 아니다. 그냥 쓴다. 쓰던 대로 쓴다. 새로운 방법이나 궁구 없이 쓰는 거다. 본전치기도 못 할지라도 쓴다. 이런 점에서 나는 히스테리증자. "의심하고 부인하는 정신과 타자에 의해 주어진 좌표로부터 끊임없이 일탈하려는 성향"(백상현)을 따라나선다. 그만 쓰려 해도 키보드에 길들여진 손가락이 말을 듣지 않는다. 그렇다고 자를 수는 없지 않은가. 그래서, 이렇게, 또. 그냥, 아무렇게나, 쓰고 있다. 나는 내 손가락의 관성을 탓할 뿐이다.

모월 모일

  시를 잘 쓰는 시인은 많지만 거기까지다. 그래서 뭐? 앞에서 힘을 잃는다. 시를 잘 쓴다는 말은 일종의 야유다. 대개의 시인들은 시가 아니라 자존심에서 패배한다. 무슨 말인가. 나도 내가 모르는 말을 할 때가 있다. 발문을 마치고 곰곰이 생각해보겠다. 시인은 남의 다리를 긁지 않겠다고 서원한 자들이다(아닌 자들은 빼고). 시인의 집이 시집이다. 정신을 담는 그릇이 시라고는 하지 않겠다. 그래도 누군가는 삶이 허황할 때마다 '우연에 기대듯이' 시에 기댄다. 그것이 옳은가 덜 옳은가를 시는 판단하지 않는다. 스무 살이 넘어서도 시를 쓰려는 자는 역사의식을 가져야 한다고 말했던 서양시인이 있었지만 쉰이 넘어서도 시를 쓰겠다고 나섰다면 먼저 시적인 자존심을 지켜내야 한다. 역시 내가 쓴 발문의 무책임한 말이다. 시인은 자기 언어 속으로 그곳이 마치 진짜 자기의 집인 양 문을 열고 들어갈 뿐이다. 좋은 시인은 다 이렇게 자기의 집 속에서 나름대로 살아간다. 더 좋은 시인은 에, 또 앞문으로 들어가고 뒷문으로 달아난다. 이 집이 아닌가 봐!(강선영, 시집 『집에 가고 싶다』 발문에서) 강 시인은 영서대학 문예창작과 졸업생이다. 그런 때가 있었군, 강원특별자치도 원주시에서.

모월 모일

생성형 인공지능에게 시를 맡기고 산책이나 하며 놀면 되겠다. 나의 진심이다. 95% AI가 쓴 소설이 아쿠타가와 상을 받았다는 뉴스도 놀랍지 않다. 그럴 줄 알았지. 반가운 일이다. 인공지능이 내 속생각을 덜 알 것이라는 가정은 여기서 그쳐도 안 될 일이 없겠다. 가난이 직업이었던 시인처럼 외로움이 취미였던 사람도 있었다고 인공지능이 쓰지 말라는 법은 없다. 나는 이미 인공지능이다.

모월 모일

시집 해설을 청탁한 시인이 문자를 보냈다. "꼭 시집을 내야 하나 그런 생각이 들었습니다만 모아놓은 시들에게 옷 입힌다 생각하고 내기로 했습니다. 마음이 편하지 않습니다." 시집 원고를 앞에 두고 버퍼링 하는 사이에 우리는 각자의 시인에 이르게 된다. 시는 읽기보다 쓰기에 적합한 장르가 아닌가. 노트북 화면에 타이핑되는 순간도 시지만 역시 시는 시집이라는 물성 위에 얹혔을 때 자기의 육체를 온전하게 드러낸다. 인쇄가 시쓰기의 최종 과정이다. 그 이후는 시집의 팔자대로 간다. 하루를 살든 한 달을 살든 그렇다. 그리고 잊혀진다. 다음 시가 기다리고 있기 때문이다.

모월 모일

봄비다. 주룩주룩. 참았던 흐느낌을 오늘 내 창가와 다 쏟아낸다는 투로 비오는 날. 마주앉아 잔 잡아 권하고 싶은 명단을 적어본다. 아무개 씨, 아무개 씨, 그리고 죽은 아무개 씨. 빗소리의 고적한 리듬에 맞춰 쓱쓱 이번에는 하나씩 이름을 지워나간다.

전화도 팩스도 이메일도 없이 산다고?
누가? 파스칼 키냐르다.
『草芥日記』에서 간식처럼 꺼내 읽는다.
나는 뭐냐, 싶은데 밖에는 비가 내린다.
우산 없이 봄비를 맞으며 하루쯤
전화는 받지도 걸지도 말자고 미리 결심한다.
걸려온 전화가 없을 것이니 결심은 화사한 구라가 된다.
아름답고 보람찬 허송세월이여,

모월 모일

평론가 김주연 선생을 본 적 없지만 선생의 본적이 강원도라고 하니 괜히 가깝게 느껴진다. 1980년 강원도 젊은 시인들이 낸 시동인지 〈암호〉에 실린 나의 졸시를 읽으시고 한국일보 지면에 소개해주셨다. 촌놈의 시를 읽어주시다니요. 이제 생각하면 선생의 본적이 작용했는가 싶기도 하다. 문지에서 『치악산』을 낼 때 선생에게 해설을 부탁했는데 시간이 맞지 않아 신진 평론가였던 홍용희 씨가 쓰게 되었다. 오래 전 일이다. 생각한다고 달라질 것은 없다. 설레는 가슴을 품고 살았던 시절의 이야기다. 그땐 순수했다. 뭐가 뭔지 몰랐으니까.

모월 모일

  강원도 변방에서 태어났기에
  나는 표준말을 모른다
  그런 어법이 몸에 맞지 않는다
  그래서인가 표준이 불편하다
  내 꿈도 슬픔도 외로움도
  표준에 속하지 않는다
  나는 사투리에 갇혀 산다
  사투리어법이 누군가에게 흘러가
  표준어로 해석되어도 나는
  아무렇지가 않다
  그건 당신의 사투리니까
  내가 할 말은 없다

모월 모일

 슬금슬금 내리던 봄비가 조금 세차게 내렸다. 대학로는 더 그랬다. 거기서 저녁을 먹고 막걸리도 두 잔 걸쳤다. 공연한 날이다. 아무 주제도 없고 형식도 없이 비오는 날이다. 이래 봐도 내가 빗소리듣기모임의 창립 주체가 아닌가. 물론 회원은 나 혼자 뿐인 문장상의 모임이다. 오늘은 빗소리의 현장을 즐긴다는 실감이 또렷해서 만족한다. 일생 중 몇 안 되는 날일지도 모른다. "딱 한 장의 음반을 고르는 게 좀 미안해지는 아티스트가 있다. 어쩌면 재즈와 같은 음악은 아티스트가 평생 쌓아온 작품의 총합을 꾸준히 감상해나가는 것이 더 필요할지도 모른다. 아티스트는 즉흥연주를 전제로 한 재즈는 완벽을 꿈꿀 수 없다는 것을 받아들인 채 '일단 여기까지가 지금의 나'임을 받아들이고 음반이라는 형태로 기록하게 된다. 그 찰나의 순간에 남겨진 기록이 여러 번 쌓이고 나면 비로소 한 아티스트의 세계가 명확하게 드러나게 된다." (최은창) 재즈 아티스트를 시인으로 대체해본다. '일단 여기까지가 지금의 나'라는 문장에 밑줄을 긋는다. 내가 쓰는 시도 정확히 그렇다. 지금의 내 시는 이제껏의 온축이면서 여기에 다다른 또 다른 무엇이다. 나의 시는 나의 세계는 아니다. 나는 언제나 눈앞에 닥쳐온 순간을 언어라는 기표로 번역한다. 그것은 근사치일 뿐이다. 내 시가 덧나는 것은 이것만은 아니라는 언어의 여분을 껴안고 싶은 욕망 때문이다. 대학로에서 어깨를 적시던 봄날 저녁비를 기억하면서 쓴다.

모월 모일

고타루 시에는 '농협'이라는 호텔도 있답니다. (웃음)
농민은 할인이라도 해주나 보죠? (하루키)

모월 모일

그의 집은 저 멀리 남쪽
거긴 어디? 기억에서 지워진 곳
비바람 2막 1장으로 불어오는 저녁
나는 말이야 슬픈 노래처럼 그곳을 기억하지
언덕 위에 간단하게 세워진 집

가끔 지인들이 술병을 들고
찾아온다 밤 늦도록 하나 마나 한
토론은 길어지고 시에 찌든 생각은
바람에 날려간다
시의 행간에서 흔들리는
언덕 위의 그 집을 생각한다

모월 모일

 그 많던 '1980년대 시인'들은 다 어디로 갔을까, 그런 상념을 다시 상념한다. 한때 번성하던 시인의 영토 '1980년대'는 불이 꺼지고 이제는 컴컴하다. 불 켜진 집 몇 보이지만 그나마도 식별의 수준이다. 이런 판국에 꾸역꾸역 시를 쓰는 것은 시인 대역 같아서 우울하다. 자신의 계절을 놓쳐버린 메뚜기는 다만 생경한 풍경이다. 그림자 노동과 비슷한 헛수고가 아닐까. 시집 『하루의 기분과 명랑』의 마지막에는 시 「품절」이 잠겨 있다. 그렇게나마 나의 헛수고를 위안하고 싶었으니까.

 정중하게 시집에 서명한다
 헛수고의 대가 박세현 씨에게
 굳센 슬픔 있으라

모월 모일

 "당신 작품은 재능이 있고 마음에 와 닿습니다. 그러나 당신에게는 아직 깊이가 부족합니다." 지나가는 말로 누가 나에게 한 말이다. 그때 나는 뭐라고 했던가. 그렇다. 나는 아무 말도 하지 않고, 그런가요? 하고 넘겼다. 깊이에 대해 처음 들었다는 표정을 지으면서. 그 사람은 어떤 각도에서 그런 말을 했는지 모르겠다. 지금쯤은 자신이 그런 말을 했다는 사실조차 잊었을 것이다. 나라고 그런 적이 없겠는가. 누군가의 시를 읽으면서 혼자 중얼거리기도 한다. '이 시인은 공모전에 내면 훌륭한 예선 탈락감이다.' 내가 쓴 시라고 늘 예선을 통과하는 것은 아니다. 쓰지 않았으면 더 좋았을 시가 수두룩하지만 어쩌겠는가, 나는 시에다 나를 포함시키지 않으려 애쓰는 편이다. 진심을 가지고 쓴 시는 재미가 없다. 나의 경우지만 진심을 놓치는 순간에 마음에 차는 시를 만난다. 혹시 내 시에서 깊이를 찾는 분이 있다면 참고할 만한 문장이다. 솔직하다, 정직하다 이런 문학적 판단에 나는 동의하지 않는다. 내 시를 읽고 '음, 이 사람은 깊이가 부족하군'이라고 말한다면 나는 얼른 수긍하겠다. 깊이는 기피와 같은 말이 아닐까. 저 앞의 첫 문장은 파트리크 쥐스킨트의 단편 「깊이에의 강요」 입구를 장식하는 문장이다.

모월 모일

  이제는, 뭐, 그러니, 뭐, 무거운 시 말고, 둥둥 떠다니는 시를 읽고 싶다. 다림질하지 않아 구깃구깃한 허름한 옷 같은 시. 안자이 미즈마루풍의 시. 내다버려도 아깝지 않을 시만 읽거나 쓰자. 모년 모일, 갓 핀 살구꽃을 보고 돌아와 이렇게 쓴다. 남루한 골목길 가로등 밑에서 아랫도리 내리고 사람들 지나가길 기다리는 인간이 시인일 것.

모월 모일

 아침 아홉 시, 이 시간. 클래식 채널의 '가정음악' 시간. 오프닝이 나오고 여자 아나운서가 부드러운 톤으로 입을 연다. 매일 들어서 목소리는 꽤 친해졌다. 진행자가 라디오 밖으로 나와 말을 건넨다. 커피 마시는군요. 시 쓰시나요? 그 말에 쿡 웃는다. 시를 쓴다는 문장이 왜 이리 웃기는 걸까. 소설이냐고 했으면 어땠을라나. 웃기는 정도는 아니었을 거다. 시도 쓰는 거구나, 하면서 웃음을 수습한다. 아나운서는 다시 라디오로 돌아가 첫 음악을 소개한다. 슈베르트의 가곡. 오늘 저 아나운서는 어떤 기분일까. 아침은 무얼 먹었을까. 커피는? 저분의 남편은 어떤 사람일까? 너무 나간다. 이런 잡념이 잠시 흘러간다. 내 생각을 그녀가 알아차린 게 아닐까. 다음 곡 소개하는 목소리가 조금 뚱한 것 같다. 당근 내 생각. 내가 이렇다. 왜 나는 내 생각만 하느냐. 국가와 민족과 광장과 아스팔트와 피켓을 든 사람처럼 공동선에 대한 의지를 자꾸 망각하느냐. 이 똥멍충.

모월 모일

 나는

 문단의 객석

 시의 행인이며

나에 대한 뜬소문이다

어제 읽었던 시는 어제 잊었고

오늘 쓴 시는 오늘 잊는 중이다

손이 따듯할 때 쓴 시는

오래 정다웠으면 좋겠다만

그것은 시의 일인지라

아득한 손을 흔들면서 돌아선다

나는 시의 주인이 아니다

시 몇 줄에 세 들어 살다니!

날마다 시를 만나고

날마다 시와 헤어지는 기쁨

모월 모일

 저기 박세현이 한세상의 골목을 걸어온다. 예나 지금이나 그는 키가 작다. 혈혈단신(孑孑短身)이자 소규모 인간형이다. 영월 창령사지에서 발굴된 오백나한상 중에 그를 닮은 나한이 있어 조용히 웃었다. '이야기하는 나한'이라는 제목이 붙었는데 그는 고개를 젖히고 상대를 쳐다보며 무슨 말을 하는 표정이었다. 요컨대 동의할 수 없다는 듯한 표정에서 박세현이 읽혔고 희미한 냉소도 묻어 있었다. 내 소망이 있다면 평범한 시인이 되는 것. 먹다 남은 빵 같은 시를 쓰는 평범한 시인이 좋다. 개떡 같은 시도 괜찮다. 외로울 때 혼자 뜯어먹기 좋은 빵떡. 그런데 나는 평범한 시인이 되지 못하고 평범 이하의 시를 쓰고 있느냐. 오랫동안 땅속에 묻혀 있다가 툭 튀어나온 나한의 표정을 연습하는 나날이다.

모월 모일

F는 내 친구. 그는 시인이다. 그가 시를 떠난다고 천명했으니 그도 이제 더는 시인이 아니다. 눈앞에서 시인 한 명이 사라진다. 시 쓰는 일이 싫증나고 재미없다는 게 문학 이탈의 이유다. F가 동네방네 소문을 돌린 것은 아니다. 그도 그 정도의 깜냥은 가진 위인이다. 특히 작년에 낸 시집 제목이 저간의 사정을 예고한다. '여기까지'가 시집 제목이다. 다른 의미를 강조하기보다는 이제 그만 쓰겠다는 의지를 박아둔 셈이다. 어쩌다 만나면 F는 거침없이 말하곤 했다. 문학은 사회관계망서비스에 수렴되었다. 문학은 그 이전까지다. 더 이상 문학은 가열찬 정신의 형식도 미학도 무엇도 아니다. F는 늘 말해 왔다. 문학이라는 구태의연한 시스템이 작동하는 것뿐이라고. F는 그런 생각에 입각하여 문학과 절연했다. 시를 얘기할 수 있는 동지를 잃어버렸다. 나는 서서히 아주 느긋한 마음으로 그의 선언에 동의한다. 나는 작두로 썰어질 책을 쓰고 있다는 각성. 한 사람도 공감시키지 못하는 책을 문

학이라는 스크린 뒤에서 주무르고 있다. 시는, 나의 시는 그런 상념에 대한 헌신이다. 시를 떠난 F는 내 문학의 연장 근무를 웃을 것이다.

모월 모일

양양 남애항으로 날아들던 갈매기 스무 마리 혹은 서른 마리

몇은 어젯밤 내 꿈속으로 날아들었다.

모월 모일

20년 전 강의할 때 즐겨 입던 회색 재킷을 입고 집을 나선다. 오래된 옷이지만 몸이 편하다. 뭐, 어떤가 하는 심정도 같이 껴입었다. 시를 끊어야지. 하나마나한 생각이지만 기특하고 철 든 결심이다. 벚꽃 활짝 핀 장안사거리 스벅에서는 이런 마음도 봐줄만 하다. 보는 사람이 없으므로. 가방에 넣고 온 시집을 꺼냈다가 도로 가방에 넣는다. 그보다는 눈을 감고 조는 듯이 앉아 있는 게 옳겠다. 긴 봄날의 하루다. 시보다 몇 배 진한 하루였다.

모월 모일

(이 글은 시집의 초고가 끝난 뒤에 그 기분으로 작성한 대화 형식이다. 시집 후기의 효과를 지닌 덧글이다. 영화가 끝나고도 일어나지 않는 관객을 위해 문자로 제공되는 쿠키영상 정도의 글이다. 오즈 야스지로의 말처럼 누구에게는 비로소 영화가 시작되는 순간이다. 여기까지 읽어준 독자를 가정하는 자작극이다. 시집의 보충적 읽기가 되지 않기를 바라면서 썼다. 이 장면은 카페에서 바깥을 내다보면서 대화하는 인물의 등만 보여주는 투샷의 그림을 상상하면 된다. 가끔 옆모습이 보이는 설정도 괜찮다. 이 시집 원고는 출판되지 않을 것이다. 한 권쯤 나의 하드 디스크에 보관하게 될 것이다. 시는 70여 편이고 다섯 개의 부로 나누었다. 각 부의 소제목을 적는다. 1부 나성에 가면 소식을 전해줘요 2부 뭐 다른 거 없나요 3부 독자를 믿니? 4부 당신에겐 당신의 시가 있다 5부 당신은 내가 무슨 시를 쓰면 좋겠소(시집 후기). 여기 실리는 인터뷰가 5부이고 시의 일부가 이 책에 수록되었다.

난 당신들을 믿지 않아
▷최근의 관심사는?
◁제프 다이어의 『미루고 짜증내도 괜찮아』를 읽고 있다.
▷좋은 책인가?

◁그때그때 손에 드는 책이 내게는 좋은 책이다.

▷영화를 많이 보는가?

◁나는 시네필이 아니다. 늙은 극장주의자라고나 할까. 외로울 때 컴컴한 극장에 앉아 있거나 스크린이 한순간 내 삶의 배경이 되어주는 걸 즐긴다. 인생이 극장 아닌가!

▷최근 본 영화는?

◁내가 이 자리에서 왜 그런 걸 말해야 하나.

▷시에 가끔 나오는 이심정은 누구인가?

◁그렇게 물어주기를 기대하고 쓴 가공의 인물이다.

▷시인은 솔직해야 하지 않는가.

◁그런 시인도 있을 것이지만 솔직성만이 시의 근본은 아니라고 본다. 그런 생각의 바탕에는 시인이 속한 당대가 위선이라는 걸 오픈하는 정도일 것이다.

▷보충 설명이 있어야 하지 않겠나.

◁대충 넘어가자.

▷요즘에 자신을 이끌고 있는 생각이 있다면.

◁입 다물고 조용하기. 입냄새 나지 않도록 조심하기다. 나도 내 신념을 과장하는 재주가 아주 없지는 않지만 그렇게 하고 싶지는 않다.

▷신념 같은 게 있었는가?

◁알고 보니 다 내 것은 아니었다. 주인들에게 반환하는

중. 신념도 탈부착이다.

▷시집에는 여전히 그런 흔적이 남아 있다.

◁시에 대한 주장적, 신념적 데시빌의 한계치 같은 거로 상념한다.

▷『에크리』는 다 읽었는가?

◁웬 '에크리' 타령인가?

▷한때 라캉을 좋아했다는 걸 알고 있기에 하는 질문이다.

◁라캉의 생과 그가 궁구한 논리에 반한 적은 있지만 내가 자크 라캉을 이해할 만한 수준에 있지는 않다. 그를 오해하고 왜곡할 수 있는 자질은 내게 충분하다. '나의 욕망은 타자의 욕망'이라는 명제만으로도 만족한다.

▷지금도 그러한가?

◁그렇다. 그렇지만 라캉을 제대로 우려먹은 지젝이 나는 더 좋다. 『에크리』는 읽다가 말았다. 『에크리』의 논지는 이해불가다. 내가 『에크리』를 가지고 있는 것은 서가에 저 책이 있다는 확인, 가끔 책의 붉은 등을 바라볼 수 있다는 것으로 충분하다. 라캉세미나를 통해서 배워진 진념이다. 내 시쓰기의 향방도 이 근처에서 조율되고 있다. 뜨아를 마시고 싶었는데 키오스크 오작동으로 원치 않았던 아아를 마시면서 '이것도 괜찮군' 하는 버전이다. 어떤 번안곡의 노랫말이 생각난다. "이 밤이 지나가면 나는 가네. 원치 않는 사람에게

로. 눈물을 흘리면서 나는 가네. 그대 아닌 사람에게로" 원치 않는 사람이 원하던 사람인지 누가 알겠는가. 잘못 탄 기차가 목적지에 데려다준다지 않던가. 늘 같은 시간에, 같은 장소에서, 같은 의상을 걸치고, 같은 목소리로, 같은 주제로 평생 세미나를 열었던 라캉에게 배운다. 문학이라는 상징계에서는 무라카미 하루키가 거기에 해당한다.

▷개인적 도그마로 들린다.

◁내 생각에 서려 있는 안개 같은 거라면

▷"난 당신들을 믿지 않아" 밥 딜런이 자기들 입맛에 맞지 않는 노래를 부른다고 화내는 군중들에게 대놓고 한 말이다. 독자를 믿지 않는다고 말할 수 있겠는가?

◁난 밥 딜런이 아니다. 글이 끝나고 행간에서 조용히 얘기하자. 무슨 말이든 할 수 있는 그곳에서.

▷당신은 독자가 없으니 믿거나 말거나가 되겠군. '무명보다 낯선' 당신!

◁이 사람은 자유 근처를 헤매는 기간제 시인이외다. 시대와의 약정이 마무리된.

입파자재(立破自在)

▷요즘 읽는 시집이 있는가?

◁나는 요즘 사람이 아님. 다시 말해 거의 이 세상 사람이

아니거든요. 요즘 사람이 아니면서 요즘 사람이려고 애쓰는 건 안쓰럽다. 나의 관용어구로 답하겠다. 마치 살아있다는 듯이. 다들 각주구검의 자기 시대를 사는 것.

▷그거 당신 말인가?

◁렌탈이지. 남의 언어에 붙어살았다고 봐야겠지.

▷규정 욕구가 있어 보인다. 시에 찌들거나 함몰된 태도 아닐까?

◁부정하고 싶지 않다. 입파자재(立破自在)하고 싶은 욕망. 그날그날을 딛고 지나가는 거다. 규정하고 규정을 부수는 일. 시쓰기는 나에게 그런 것이다. 내일 일은 모르지만서두.

▷소규모 출판사에서 시집을 내는 이유는 무엇인가.

◁팔자의 문제다. 운명과의 협업. 저예산 영화가 있듯이 저예산 시집이다. 상영관이 적다는 것. 딴 얘기지만 상영관 많은 문지와 창비도 가끔 좋은 시집을 내기도 하더라.

▷당신 말대로 시는 여전히 징징거림인가.

◁징징거림이거나 징징거림이 아닌 척 하는 장르. 각자의 부처가 있듯이 각자의 시가 있다는 정도라고 생각한다.

▷시를 열심히 또는 근면하게 쓴다는 시선에 대해서는?

◁열심히도 아니고 근면도 아니다. 시는 열심히에 부응하는 장르가 아니다. 그냥 그렇게 쓰여지고 있을 뿐이다. 시에서 멀어지지 않으려는 애씀 정도가 옳은 표현이다. 마음 변

한 여자 곁에 계속 붙어 있으려는 안타깝고 가련한 제스처다. ▷시집에 없는 시 한 편 읽어 보겠다.

나는 시를 썼구나
내 시는 반짝였으면 좋겠다
오늘도 내일도 영원히
이것은 내 시의 소망은 아니다
어떤 시도 영원하지 않다
그래서는 안 된다
시는 쓰는 순간 증발해야 하리라
그것만이 시대에 대한 예의다
방부처리 되어서 도서관에 남고
인터넷 구천을 떠돌고
독서토론의 대상이 될 일은 아니다
이건 나만의 리론이자
쓸쓸한 개똥철학

◁(웃는다) ▷제목이 없다. 박세현 종합편이라 붙이면 될 듯. 이런 시를 두고 가타부타 할 말은 없다. 문학적 개똥철학이라고 하는 게 옳은 듯 ◁(다시 웃는다) ▷왜 말이 없으신가. ◁웃는 것이 지금 내가 할 일이다. ▷(같이 웃으면서) 이

시는 시집에 없더군. ◁시집 밖으로 불거져 나온 시다. ▷글을 쓸 때 음악을 듣는가? ◁듣지 않는다. ▷의외군? ◁의외도 있어야 한다.

지금 책상 위에 있는 책

▷지금 당신의 책상 위에 어떤 책이 있는지 궁금하다.

◁주방을 보여 달라는 말이군. 뒤죽박죽이어서 공개하는 건 거절한다. 이것만은 말할 수 있다. 책상 위에서 겉도는 책들은 아무도 집어가지 않을 책들이다. 초판에 머물거나 절판된 책들이다. 그렇게 되었다. 관광지가 아니라 외진 골목길 같은 책들이다.

▷『에크리』 같은 책들인가?

◁그와 유사한 계통이기도 하지만 『에크리』의 경우는 나의 허영이다.

▷많이 읽어야 한다는 일반론에 대해 어떻게 생각하는가?

◁나는 많이 읽는 사람이 아니다. 그러니 거기에 대해 할 말은 없다.

▷작가가 덜 읽는 것은 불성실이라고 보는데

◁나는 그런 부류다.

▷남의 책을 읽지 않으면 길을 잃어버릴 개연성이 있다고 보는데

◁길을 잃어버리고 싶다. 그 길이 내 길이라고 생각해 본다. 여기라고 외치는 가이드가 있는 곳이거나 사람들이 떼로 모여 피켓과 플래카드를 흔드는 장소를 피해가야 한다. 간단히 말해 문학적 합의 같은 것에 속지 말아야 한다. 디톡스의 실천이라고 하면 어떨까. 문학은 언제나 소수의견이다. 작가가 한 시대를 대표한다는 말이 있는데 시는 자기를 대표할 뿐이다. 그나마도 실패의 예증으로 작동한다. ▷작가라는 말을 쓰고 있는데 ◁여기서 내가 말하는 작가는 문학에 한정한다. 요새는 모자만 쓰고 다녀도 작가라고 부른다. ▷자기 시의 존재감에 대해 어떻게 생각하는가 ◁(침묵) ▷다시 묻는다. 너무 많이 쓴 것 아닌가. 당신 말 대로 넌더리나도록! ◁(계속 침묵) ▷여담으로 묻는다. 우리나라 3대 시인을 꼽는다면 ◁여담으로 답한다. 우리나라에는 3대 시인이 없다고 본다. 다시 말하면 랭킹 1~3위는 공백이다. 언제나 비어 있어야 한다. 대신 4위부터 꼽는 데는 동의한다. 4위는 부동의 김소월. 그 다음으로 이상, 서정주, 정지용 등등. ▷서정주는 친일파다. ◁그럼 빼시든가. ▷백석은 안 들어가는가?

73세에 도착하다

▷73세가 되었다. 맞는가? 자신이 누리는 나이에 대한 소감 한 말씀.

◁내 나이가 어때서?요. 나이는 숫자. 숫자는 외로운 생물학을 각성시킨다. 와이프가 며칠 전에 귓속말을 했다. 당신 칠십 삼 세예요. 내 말은 '그럴 리가?'였다. 왠지 남의 옷을 걸치고 있는 듯한 어색함이라니 ▷눈앞의 현실을 수용하는 방식이 부드럽군. ◁더럽기도 한 거지만 숫자에 묻은 의미를 세척하는 연기다. ▷과장된 인생론은 사양한다. ◁우리는 각자의 인생을 쌩으로 산다. 리허설이 없다. 아니다. 리허설 중이다. 이론이나 철학은 사양한다. ▷최근에 칼럼을 쓰셨더군. ◁K대 학보사 주간을 담당하고 있는 후배 교수가 청탁했다. 덕분에 모교에 대한 기억을 재구성하게 되었다. 여기까지 따라오면서 읽을 독자는 없을 터이니 긴장감 없이 칼럼 전문을 인용하겠다.

대학 신문에서 칼럼 의뢰를 받았다.

그러니 무언가는 써야 한다. 뒷방 시절에 청탁을 받다니. 내 나이에도 여의도에서 금배지를 달고 국가가 아니라 개인의 권력을 수호하며 나라를 말아 드시는 인류도 있으니 800자 정도의 에세이는 쓰는 게 정의롭겠다. 내 나이가 어때서. 이런 생각을 정리하면서 말이다. 제행은 무쌍.

그럴 듯한 말은 다음에 쓰기로 하고 먼저 내 시절의 대학

캠퍼스를 회상한다.

재미없는 강의가 끝나면 소나무숲 벤치에서 피우던 담배, 담배 그것만이 자신의 몸을 변방에 육화시키던 독한 청춘들의 마약이었다. 겉폼에 들떠 캠퍼스를 헤매던 문학 미만의 문청들. 소나무숲을 빠져나가던 푸른 바람소리. 재미없는 강의를 하던 교수님들. 궁금하지 않지만 여생은 편안하시길 빈다. 당시에 글 쓴답시고 후까시되어 캠퍼스를 헤매던 시골 문청들 앞에 초면의 문학평론가가 등장한다. 어서 오세요, 교수님. 그분은 우리의 대책 없는 명랑과 쓸쓸한 광기를 사랑으로 안아주셨다. 1980년이었지. 그분이 『문학이론의 현장』이라는 다소 촌스러운 평론집을 들고 강의실에 등장했을 때 그제서야 비로소 시골 멍청이들의 꿈은 진정하게 출발할 수 있었다. 이 길이 맞구나. 잘못 가는 길은 아니구나 안도하면서 말이다. 우리의 평론가 교수님이 가꾼 텃밭채소 같은 몇은 지금도 문학에 인질로 잡혀 노트북 키보드를 착취하며 산다. 문학이여, 사랑이여, 민짜 지방대학이여.

독서의 윤기를 위해 한 단락 추가한다.

비상계엄령이 내려진 지방방송국 앞을 청년취객이 걸어갔다. 총을 멘 군대가 보초를 섰던 밤거리. 청년은 비상계엄철폐를 외쳤다. 그의 목소리는 그러나 너무 수줍었다. 그 소리가 계엄군의 청각까지 도착했다면 청년은 아마도 경찰서에서 한 이틀 살았을 것이고 그랬다면 훗날 여의도에서 세금을 해먹으면서 유사성행위 같은 한국 민주주의에 헌신했을지도 모른다. 사람일은 모른다. 진실은 너무 가까운 거죽에 붙어 있는 꿈이다. 이 에피소드는 백퍼센트 허구이니까 여담으로 읽으면 된다. 정색은 금물. 정색한 인류가 언제나 역사를 그르치더라. 대충 살자.

나는 두서없는 글을 쓰고 있다. 아무 말 파티다.
지금 우리 눈앞의 정치가 그렇듯이 내 기억도 두서없이 재구성되고 재해석된다. 강의동으로 쓰였던 건물 3층에서 내다보면 소나무 숲이 보이고 그 너머로 얼핏 바다가 보였던가. 음악관 앞은 늘 음대생들의 악기 연습 소리가 울려나왔다. 그때 내 속 빈 마음을 밟고 가던 베이스 트럼본. 여전히 그 음계는 내 가슴에 남아서 재생된다. 여기까지 쓰는데 청탁받은 800자가 끝나간다. 이럴 줄 알았다. 당신이 말하는 대학은 어디에 있느냐고 누가 묻는다. 대답한다. 뉴욕 변두리에 있다. 부에노스아이레스 항구 근처다. 대관령 너머 강원도에 있다고 해도 허언은 아니다. 믿거나 말거나. 나의 아무 말 파티를 읽지 못한 독자들을 위해 다음 칼럼을 준비하겠다. 그럼, 다음 회까지 안녕히.

나는 묻는다

▷즉흥적인 글이네. ◁협주곡의 독주부 정도? ▷쉬운 말로 하자면 스탠드업 코메디지. ◁악보에서 덧나고 싶다는 점에서는 다 거기가 거기다. ▷칼럼을 읽고 드는 생각이 있다. 부자에게 어떻게 백만장자가 되었냐고 물었다. 그랬더니 그건 백만장자에게 물으란다. 무슨 뜻이냐고 되물었더니 자기는 억만장자란다. 그런 얘기가 떠오른다. 상관없는 상관이다. ▷요즘의 관심사는 무엇인가? ◁다시 등단하고 싶다. 투고와 낙선을 거듭하면서 조용히 시를 포기하고 싶다. 그리고 다른 일을 찾는 거다. 택배기사나 배관공 같은 일을. 그 일도 문제가 없는 건 아니겠지만. ▷여기까지다. 인생을 데워주는 커피 한 잔 하자. ◁정중하게 묻겠다. 당신은 내가 무슨 시를 쓰면 좋겠소? ▷분량 초과다. 대답은 DM으로!

모월 모일

 법정 스님이 불일암에 주석하실 때 스님의 헌품을 만나고 싶은 불자들이 수시로 암자를 찾았다. 이것이 번거로웠던 스님은 암자로 오르는 화살표를 반대 방향으로 돌려놓았다. 이 정도의 유머와 삶의 여백은 있어야겠다. 화살표 따라갔다가 작은 낭패를 본 방문객들의 후일담은 또 얼마나 신선하고 즐거웠을 것인가. 스님에게 감사하라! 황동규 선생의 「슬픈 여우」를 읽으면서 법정 스님의 발상이 겹쳐져 킬킬거렸다. 이 분들이 짰나. 서달산 산책길에서 멧새를 보고 다람쥐의 환생일 것이라 생각하면서 자신도 여우로 윤회할지도 모른다는 발상이 재미있는 '슬픈 여우!'

어두울 녘 혼자 산길 가는 사람 앞에
예쁜 색시로 나타나 홀리는 대신
도로표지만이나 슬쩍 바꿔
사람들을 안 가본 데로 가보게 하는 여우.
이 여우 같은 놈! 소리 벌써 들리지만
그런다고 열 받는 여우 봤어?
안광 낮추고 킬킬대겠지.

모월 모일

우리는 어떻게 각자의 증상을 완성하는가.

모월 모일

황동규·황지우·황인숙은 문지에서 시집을 냈다는 사실 말고도 이니셜 S로 시작하는 대학을 나왔다는 공통점이 있군. 최승자는 K대 중퇴. 문학과 무관한 혼잣말을 중얼거리면서 봄날의 한순간을 탕진한다. 오늘 집 앞에 찾아온 산수유와 벚꽃을 기념한다.

모월 모일

시에는 대가나 달인이 있다고 생각하지 말자. 그런 경지는 도사나 종교의 경지다. 이틀 전 저녁은 무얼 먹었지? 잘 기억나지 않아서 생각의 갈피를 뒤지고 있다. 그런 걸 시라고 믿자. 시인은 (무엇을 찾는지 모르면서) 헤매는 존재다. 찾았다고? 그것은 당신이 찾아 헤맸던 그것은 아닐 것이다. 히치콕의 맥거핀이라고나 할까.

모월 모일

시쓰기는 일종의 제조업으로 분류될 수 있지 않을까.
그렇게 되면 시는 공산품이 되겠다.
다이소에 가면 만날 듯한.

모월 모일

소설가 김연경이 자신의 유튜브 '문학창고'에서 이현우의 『로쟈의 인문학 서재』를 소개했다. 음, 이게 언제적 책이었던가. 그 책 열중하며 읽었고, 언제나 로쟈에게 감사했다. 지금은 뜸해졌고 그의 근황도 거르는 채로 살고 있다. 삶이 이렇다. 그는 서평가라는 명함을 독서계에 새겨 준 사람이다. 로쟈의 블로그 '로쟈의 저공비행'에 열심히 들락거렸고 그때마다 영감을 얻곤 했다. 지젝 전도사이기도 하다. 책에 관한 한 이 정도감식안과 유연성을 가진 서평가는 들어보지 못했다. 그의 공식적인 전공은 러시아 문학. 그의 박사논문 『애도와 우울증—푸슈킨과 레르몬토프의 무의식』이 내 서가의 로얄석을 차지하고 있다. 그는 본래 시인 지망생. 그가 한국문학계에 충분히 들어와 있지 않은 것은 아쉬운 일이다. 그렇지만 나는 그에게 불만이 없다. 언젠가 의정부 도서관에서 그의 강의를 들은 기억도 있다. 그건 그렇고 요새는 그가 글쓰기보다 세계문학 전도사가 되어 세계 여러 나라로 문학기행을 다니는 중이다. 그러다보니 저공비행에 새 글의 업데이트도 뜸하다. 그건 그의 삶이다. 읽고 쓰는 로쟈로 돌아오길 바란다. 김연경은 "당신이 어떤 책을 쓰든 당신을 응원하다, 사서 읽겠다"고 말한다. 로쟈에 대한 기억 이상으로 저 말이 찡하다. 김씨 같은 독자 서너 명만 있으면 좋겠다. 꿈은 꿈이고, 나는 로쟈의 시집을 기다릴 것이다.

3
당신이 읽어도 상관없는 시

무문관 앞에서

무문관 앞에서
노파에게 길을 묻는다
이 길이 시의 길이 맞습니까?
노파가 대답한다
가던 대로 쭉 가시오. 맥직거(驀直去)
감삽다

등 뒤에서 노파심이 중얼거린다
멀쩡한 사람 또 저렇게
맛이 가는구나

이승훈

주문진에 집착하고
안개에 집착하고
아름다움에 집착하고
이게 이승훈이란다
한양대학교 국문과 정민 교수가 쓴
『내가 만난 이승훈』에 나오는 말이다
해질 무렵을 사랑하는 몽상가
중국집 잡채밥 전문가
거울 연구자
개미허리에 실을 묶어 쓰면
이승훈의 글씨가 된다는 소식도 읽는다
박사과정 현대문학 특강에서 나에게
같은 강원도라고 95점을 주셨다
여기까지만 써도 시가 넘친다
더 쓰면 김영태 선생의 말처럼
하품이 되겠지

속초 앞 바다

속초 앞 바다라는 시를 쓰고
시집 제목으로 삼으리라
그런 생각을 꾸미면서 잠들었던 밤

그런데

속초에 대해 쓸 말이 없으니
다시 속초에 가봐야겠다고 마음먹는다
목구멍으로 마음 넘어가는 소리
이런 결심 참 많이 했지
그때마다 시가 쓰여졌다면 시집 백 권은 냈으리라

그러나

얼핏 지나갔던 속초등대는 내가 있으나
없으나 매일 잔파도를 삼키고 섰으리라
담배 끊고 술 끊고 마침내
제정신으로 살아가는 친구들 떠올리며

외옹치항 근처를 돌아다니다가
횟집에 들어가 술 한 잔 땡겨도 좋으리라
속초 외진 동네에 오래 전 여인이 횟집을 한다면?
넉넉한 망상이지만 "아니, 세상에 이런 일이…"
그 사람도 나처럼 세상에서 멀어졌겠지
한번 애인은 영원한 애인
"어머머, 박 아무개씨 아니세요? 맞죠?"
"비슷하지만 그때 그 박은 아닐 겁니다.
살아서도 만나는군요."
행간에 효과음으로 파도소리를 삽입하며
오토픽션을 꾸며대다 보니
속초에 대해 쓸 말이 없는 것도 아니다
폐업한 등대에도 불이 들어오리라

자, 써 볼까 뚝딱뚝딱
제목은 속초 앞 바다

시인의 빤쓰

한때지만
잘 나갔던 시인의 시를
못 본 지 오래되었다

누가 물었다
그이는 왜 시를 쓰지 않을까요?
대답을 작성한다
너 같으면 그 나이에 새삼
빤쓰를 내리고 싶겠니?

기억의 훈춘

지린성 훈춘에서 하룻밤 자고
호텔 옆 모자가게에 들어가 이 모자
저 모자 써보면서 '어떻냐고?' 외롭게 묻던
홍정선 교수 생각난다 겨울외투도 입었다
벗었다 하던 북방의 시간들

갑자기 회고적이 되는 오늘 아침
거울 앞에서 새로 산 벙거지모자를
썼다 벗었다 그러면서 아득해진다
이건 아닌데…
대사를 까먹은 노배우처럼

(더 쓰고 싶은데
시가 더 나가지 않는다)

당신이 읽어도 상관없는 시

시를 쓴다 우선 한 줄
시가 망했다는 풍문
내일까지는 견디겠지
다음 줄을 쓴다
이거 시가 맞는 거야
아니라도 상관없다
그냥 쓰는 거야
시가 아닌 줄 알면서 쓰는 시
다음 줄을 이어간다
쓰다가 그칠 수는 없으니
끝나는 순간까지 써야 한다
읽을 사람 없어도 쓴다
시는 쓰는 거다
일방적으로 쓰는 거야
잘 썼다고 읽어주는 것도 아니고
못 썼다고 안 읽어주는 것도 아니다
시는 단지 시다
무슨 말이 필요할까

상계시장 노점 폭탄세일처럼
전과 4범처럼 쓰는 거야
쓰다가 삑사리 나면
그처럼 대견스런 시도 없을 거다
끝줄을 써야 할 타이밍인데
첫 줄부터 다시 시작해야겠다
누구도 읽지 않을 시
당신이 읽어도 상관없는 시

스캔들

내가 시집 『헌정』을 내고
(벌써 오래전이군)
황 선생님한테 보내드렸던 바
시집 받자마자 전화가 왔다
(급하기도 하시지)
(카랑카랑한 목소리의)
선생님 말씀:
"시집 해설 잘못 썼더군요.
누구요? 해설 쓴 그 사람"
하루를 살더라도 나는 이런
스캔들이 무지 좋네
그 시집 해설 누가 썼는지
아직도 나는 모르고 있다

신새벽에

"나는 시간을 보내려 영화를 만든다. 아무것도 하지 않을 힘이 내게 있다면, 아무것도 하지 않았을 것이다. 아무것도 하지 않을 힘이 없기에 나는 영화를 만든다. 다른 이유는 전혀 없다. 이것이 내 시도에 대해 진정 내가 할 수 있는 말의 전부다."

『뒤라스×고다르 대화』(문학과지성사) 38쪽
각주에서 잔몸짓으로 꼬물거리는 목소리를
안경 벗고 내 말처럼 타이핑한다.

날이 밝아오자면
조금 이른 시간이다.

내가 교수였을 때

대학시절이었다

강의 중에 나이 지긋한 교수가

분필을 들고 무슨 말인가 하려다 그것이

떠오르지 않아 버벅대며 보기에 따라서는

깊이 궁리하는 척 고심하던 그 모습을 보면서

바로 저거다 저런 교수가 되고 싶다

그런 생각을 굳혔던 것 같다

교수가 하려던 말은 자신이 공부한 책갈피에는

없었을 어떤 외로움이었을 것이라 짐작하였다

석사를 마치고 박사를 받고 어쩌구

그러면서 2년제 지방대학의 교수가 되었는데

지각과 결석을 밥 먹듯 하고 내 말을

귓등으로 듣는 다정스런 학생들을 만나면서

나는 문학지식을 놓아버렸으며 그때부터

내 시는 혼자서 앞으로 나아갔을 거다

(더 보기)
내게서 F학점을 받았던 학생이
퇴직한 나를 찾아와 교수님이 주신 권총 때문에
사는 일이 무섭지 않다면서 얼음커피를 사주었다
내게도 든든한 제자가 있었다는 말을 길게 해보았다

그만하면 괜찮은 사람

그는 70년을 하루같이 살았으며
지방대학 교수였으며 백발이었으며
1930년대 한국소설 전공이었을 것이며
사회관계망서비스를 사용하지 않았으며
휴대전화도 자동차도 없었다는데
애인은 있었다고 들었다
소주 몇 잔 기울이면 그는 자신의 학문적
의견이 덜 인정받았다고 투덜거렸으나
그것은 아름다운 오해다 그의 이론은
대놓고 남의 생각을 복사한 것에 불과하다
자신의 저서를 구매한 수강생들에게
후한 학점을 주며 거기서 나오는 푼돈으로
애인과 술을 마셨다는 소문도 있지만
확인할 길은 없다
그의 책 앞에서 영정사진이 환히 웃는다
문상 뒷자리에서 누군가 중얼거렸다
그만하면 괜찮은 사람이라고 .

공산명월

강남에 가서 은사님이 살던

옛집에 들렀다 은사님은 안 계시고

사모님 혼자 난초를 돌보고 계셨다

은사님은 노숙자 쉼터로 시창작 수업을

가셨다고 한다 시가 고생이 많다

빈 걸음이 아쉬워 봉은사에 들어가

추사의 글씨를 쳐다보며 멍때리다 돌아섰다

은사님은 시를 쓰려는 나에게

이론을 밝히지 말라고 말했지만 당신은

늘 두꺼운 외국서적을 사전 없이 읽었다

그래서인가 나는 이론에 어둡고 이론을

격멸하게 되었다 모두 은사님 생전의 일이다

대학원에 들어가 다시 공부한다면

핵심 전공은 공산명월로 정해야겠다

한강을 건너오며 보았던 달이

좋아서만은 아니다

바흐의 직장

바흐의 직장은 성 토마스 교회
퇴직 후 나의 직장은 시
이렇게 써놓고 창문을 연다
어색하군 어색해 견딜 수 없단 말이지
직장이라면 돈이 생겨야 하는데
이거야 완전 무급이거든
무급도 그러나 감사하면서
아무렇게나 키보드 눌리는 대로
시를 쓰다 고개를 들던 어느 밤날에
창밖에 다가와 반짝이던 별 하나
무급을 밝혀주는 보너스였을 것
내 직업으로 시는 과하기에
행간 속을 떠도는 일용직으로 만족한다

〈더 보기〉

"올페는 죽을 때/ 나의 직업은 시라고 하였다/ 후세 사람들이 만든 얘기다/ 나는 죽어서도/ 나의 직업은 시가 못 된다/ 우주복처럼 월곡에 둥둥 떠 있다/ 귀환 시각 미정"이라고 김종삼은 썼다. 성북구 월곡동을 지나가면 생각나는 '귀환 시각 미정'.

금천구청역

금천구청역까지 갔다
상계역에서 스물 몇 정거장
헤아리다가 말았고
가산디지털역에서 갈아탔다
시집을 내 준다니까
먼 길 마다 않고 갔다
시가 멀 듯이 전철 금천구청역도 멀다
돌아오면서 나에게 서정적으로 묻는다
그대는 시를 사랑하는 거니?
상계역에서 금천구청역까지 갈만큼
그 정도로 사랑하는 거니?
나만 알아듣게 다정히 대답한다
금천구청역까지 가는 게 취미는 아니라오
다시는 그런 질문하지 말자

오늘부터 가을

보르헤스는 66세에 처음 결혼했고 3년 만에 이혼했다.

88세 되던 1986년 4월에 서른여덟 연하의 개인비서와 재혼하고

그해 6월 14일 제네바에서 사망했다.

르네 샤르는 1987년 죽기 4개월 전

81세에 재혼했다.

보르헤스에게 물었다.

사람들이 호르헤 루이스 보르헤스를 알고 싶어 합니다.

보르헤스는 대답한다

나도 그랬으면 좋겠어요.

나는 그 사람이라면 넌더리가 나는 걸요.

『보르헤스의 말』(마음산책) 15쪽에 살아있는 활자들.

오늘부터 공식적인 가을이다.

커피 한 잔 더

점 보는 게 재미없어진 무당처럼
무덤덤하게 하루를 건너간다
친구 李가 장칼국수집에서 웃음기 지우고
삼가 말했으니 그 말은 작곡가 신중현이
후배 가수 장미화에게 전했다는 육성이다

장미화(1946년생):
선생님, 죽기 전에 얼굴 한 번 보여주세요
신중현(1938년생):
(아주 담담하게) 조용히 살다가 죽자구

체감온도 18도의 와중에서
어느 생물학자의 말처럼
우리는 각자 36.5°C로 타오르는 불꽃
1952년생 내 친구 李와 마주앉아
신중현이 만든 1968년판 김추자(1951년생)의
커피 한 잔을 홀짝거린다
李와 나는 기다린다

끝내 나타나지 않을 그 사람

지금은 서력 2025년 새해

커피 한 잔 더

포스트 모던의 예

저런 게 시라면 시 안 쓰겠다.
그렇게 선언한 적 있었는데
요새 나는 대놓고 그런 시만 쓴다.

(더 보기)
봄기운을 맞으며
초경량급 마음만 걸치고
골목길 약식 산책에 나선다
예감은 적중한다더니
단골 술집이 폐업하고 말았다
출입구에 임대 공고문이 붙었다
이런 날 올 줄 알았지
놀라면서 가게를 들여다보는구나
두부김치와 막걸리 주전자를 놓고
말년을 개기던 자리는 간데온데없구나
실내는 맨바닥만 남았구나
최루탄 피어나던 1980년대 뒤끝처럼
모두 알뜰히 사라지는구나

낙이 하나 사라졌구나

참 포스트 모던하구나

김소월 문학관

왕십리에 가면

김소월 문학관이 있다

아는 사람은 다 안다

없어도 있는 문학관이다

한 닷새 비오는 날 거기 가면

김소월이 비를 맞으며 자기 문학관

가이드를 하면서 막걸리를 마시고 있다

가도가도 왕십리

하루 종일 비가 내릴 것이다

김소월은 왕십리가 아니라 영변의 약산

김정식으로 돌아가고 싶다

우산 없는 행인들에게

자신의 초간본 시집을 나누어줄 때도 있다

오는 비는 또 올지라도

한 닷새 오든 말든

비에 젖은 벌새의 품에 안긴

소월 선생이 내게도 사인본 시집을

남겼으니

시 쓰느라 애씁니다
시 더 망하기 전에 얼른 쓰세요
왕십리에서 비에 젖은 소월이가

이런 부탁

이런 부탁을 받는다면
들어주실까요? 유료입니다.

나는 수년간 시를 썼고
시집도 여럿 냈는데 독자의 조회수가
미미한 그저 그런 시인입니다.
내가 쓴 시 한 편을 보낼 테니
읽으신 후 DM을 부탁해도 될까요?
내용은 한 줄이면 됩니다
잘 읽었습니다.
다른 말은 사양합니다.

(더 보기)

 이 시는 '렌털 아무것도 하지 않는 사람'의 책 『아무것도 하지 않는 사람』을 읽으면서 환한 마음으로 두드려본 자판의 즉흥 버전이다. 다음에 또 부탁한다면 청량리역에서 손을 흔들어 달라고 의뢰해야겠다. 환영받고 싶을 때가 있으니까.

슈베르트 히트곡

슈베르트의 히트곡을 들으면

내 안에 숨어 있던 무엇이 움직인다

꼬집어 말하기는 막연하지만

어슬렁거리던 외로움 비슷한 거라고 쓴다

정정할 날이 올지도 모르지만

당장은 그렇다

현악 5중주 2악장 아다지오

세기의 바람둥이 피아니스트

그 아르투르 루빈스타인이

자신의 장례식에 써달라고 했다는 음악

죽기 전에 몇 번 더 들을 수 있을까

검색한다

(더 보기)

 사람들이 흔히 말하길 내가 젊었을 때 와인, 여자, 일(피아노)에 시간을 공정하게 배분했다고 하죠. 이건 완벽한 오해예요. 난 내 시간의 90%를 여자에 썼어요(나무위키). 루가 자신에 대한 일반론을 바로잡아주었다.

남춘천

어서 와
남춘천은 처음이지?
그렇소 오늘은 처음이다
햇살 반짝거리는 유월을 무릎에 앉히고
남춘천으로 간다
춘천엔 전화할 데가 따로 없으니
김유정한테 연락해야겠다
문학촌에 들러 막국수라도 대접하고
건강은 어떠신지 안부를 물어야지
전에 내가 쓴 박사논문 드렸는데
아직 톡 한 줄 없으시다
마음에 차지 않았다면
새로 쓰겠다고 말하면 되겠지
좋아했던 여배우의 이혼 소식을 읽으며
청평을 지나간다 이혼은 결혼한 사람이
누릴 수 있는 특권 남춘천에 가면
닭갈비도 먹고 막국수도 먹게 되겠지
막걸리는? 모르겠다

친구들은 모두 술을 끊었거든

춘천보다 남춘천이 좋은 나는

구식의 기표주의자

바로 앞 두 줄은 사족이군

나는 왜 사족이 좋니?

사족도 늘 처음이다

보헤미안

칼국수 장사를 해볼까?
같잖은 생각이다
누군가는 웃어주겠지
롤랑 바르트는 롤랑 바게트
부산뉴욕제과에 가면 있을 듯
강릉 가면 보헤미안에 간다
커피 만드는 기술을 던져버린
재일교포 바리스타 박이추 씨가
드립하는 장면을 보고 있노라면
울렁거리던 팔자에도 온기가 돈다
커피에서 올라오는 구수한 파도소리
저런 바리스타에게 평화상을 주는
세상이 와야 한다

뉴욕에서

없는 돈 쪼개서
뉴욕에 온 것은 한국에 없는
자유를 만지기 위해서다
사실은 재즈의 수도를 견학하려는 것
시카고 뉴올리언즈 등등
그중 뉴욕 24번가를 꼭 보는 것
쳇 베이커나 마일스 데이비스가
드나들다가 따귀를 맞기도 했을 곳
재즈를 좋아하시는군요?
좋아한다기보다
말끝을 흐려놓는다
흐린 밤에 듣기 좋더군요
어떤 계통의 재즈를 좋아하시나요?
계통이 있다면 재즈가 아닐 겁니다
좋기는 융통성 없고 고리타분한 재즈지요
연주하느라 즉흥도 건너뛴 그런 재즈
한국에도 그런 연주자가 있더군요
그 사람은 색소폰을 옆에 엎어놓고는

아예 불 생각을 하지 않거나 분다고 해도
종일 부— 부— 조율하듯이 그 소리만 냅디다
그런 것도 재즌가요?
그런 게 재즈겠지요
관객들이 환불소동을 일으킨 적도 있지요
사기라고 외치는 고함도 있었는데
재즈의 본심이 정의되는 순간이더군요
모든 예술이 사기의 계보학 아니던가요?
모르겠습니다
생각해보세요 제임스 조이스 피카소 존 케이지
마르셀 뒤샹 이상 백남준 앤디 워홀 염상섭
염상섭은 아닐 걸요?
그것만이 아니지요 정치도 그렇지요
국민을 잘 살게 만들어주겠다
이거야말로 사기의 본색이 아닐까요?
너무 가까이 있거나 너무 멀리 있어서
애매한 사기도 있을 겁니다
종교와 철학 말입니까?

그렇습니다만 사기를 사기치는 이단은

사기의 화려한 극점입니다

진실하거나 결백한 사람을 조심하세요

그들은 타고난 유죄입니다

기소되어야 합니다

우리 대화가 너무 멀리 왔군요

좋아하는 재즈뮤지션 있습니까?

김재즈 이재즈 박재즈가 좋지요

온통 재즈지요

우연과 농담처럼

뉴욕엔 언제까지 머무실 건가요?

사나흘 정도 어쩌면 나머지 여생 모두를

불법체류에 맡기는 거지요

여기까지 오면서 눈치 있는 이는

이거 거짓말이라는 걸 알아버렸을 것

그러나 나에게 거짓은 없소이다

진실의 기준을 의심할 뿐이지요

산문시

그날 밤 깊은 시간
잠 없이 뒤척이던 밤
강원특별자치도 삼척에서 웹소설 쓰는
친구가 전화했다 계엄이 선포되었다는 것
구형 텔레비전을 흔들어 깨우면서
전화에다 대고 중얼거렸다
한겨울밤의 퍼포먼스군
내 대사가 사실의 핵심을 통과하던 그밤
대본대로 진행되는 유튜브 같은 여의도의
소란을 시청하며 슈퍼챗은 쏘지 않았다
의사당에 모인 국회회원들은 나라를 위해서가
아니라 오직 자신을 위해 거기 모여든 것
홈쇼핑에 실시간으로 이민상품이 떠오른다
거의 쓸쓸했던 그날 밤
동해 남부지역의 사나운 파도소리를 들으며
웹소설을 쓰는 내 친구가 나에게
비상계엄령을 선포한 그날 이후
지금까지 나는 긴 암전이다

개정판 박세현 시집

12월에 읽기 좋은 책을 찾아들고
유유히 도서관을 걸어나왔다
유유히는 계절에 맞지 않는
부적절한 말이지만 부적절해서 옳다
개정판 박세현 시집
읽다가 하품하기 딱 좋은 책
술술 읽히다가 끝내 술술 읽히고 마는 책
도서관 바깥 거리는 익명으로 넘친다
여기는 서울의 더 북쪽
국경을 넘으면 의정부 또는 남양주
어제는 이수명을 읽었고
그제도 이수명을 읽는다
이수명이 누구냐고 묻는 사람
그건 이수명에게 물으시면 되겠다

베로니카 보의 신작소설을 읽으며

베로니카 보의 신작소설을 읽는 중
잠깐 눈이 내렸다
간밤에 못다 내린 잔여분이 소설 속에서
희끗거린다
부커상의 후광이 사라지고 자신을 밀어주던
편집자가 은퇴하면서 문학계에서 서서히 좌천된
그는 소설 속에서 계속 소설을 썼다
현재 92세
브루클린에서 30년째 혼자 살면서
글을 쓴다
그의 글쓰기는 셀프 살풀이
나는 여기에 밑줄 긋고
브루클린으로 이사 가 한 번은
그의 이웃으로 살고 싶은 헛꿈을 꾼다
무슨 얘기를 나누면서 살 것인가
생각만으로도 달아오르는군
각자의 주석으로 남을 삶에 대해서
부재로 남을 자신의 공백에 대해서

비공개로 남을 자서전에 대해서
동네 카페에서 노트북을 연주하고 있는
동료 작가들에 대해서도 한번쯤
가벼운 농담을 던지게 될 것이다

강릉에서 이승훈 읽기

지금 강릉이다
어제 오후에 내려왔고
늘 가던 그 바닷가
늘 가던 그 식당에서
환한 장칼국수로 저녁을 먹었다
약한 바람이 불었고
거리엔 귀에 이어폰을 낀
외계인이 돌아다녔다
밤에는 이 책 저 책 뒤적거리며
저물어갔는데 손에는
이승훈의 시집 비누가 들려 있다
이런 저런 책이 나를 불렀지만
나는 다 건성이다 건성이 좋다
이 밤엔 이승훈을 건선건성 읽으며
심심한 본가의 마음을 달래면 된다
심오한 건 말하지 말자
심오한 건 없다
시인인 척 쥐어짜지 않으니

긔 더욱 좋다

그 바람에 다음 책에 쓸

뒷표지 글도 썼다

"시는 아무(렇게)나 쏜다

그렇게 말해주는 당신이

오늘 나의 시다"

이승훈을 덮고 잠을 청하려니

지나간 잠이 문밖에서 신발을 신고 있다

날 버리고 어디로 가시는가

이 시는 어째 누구의 모사품만 같다

그래서 더 좋다 나는

모사품이 좋은 시인이다

어떤 리스본에 대한 상상

아무 조짐도 없이 다가오는
내일 같은 날 항구도시 리스본에서
하룻밤 자고 커피 한 잔 딱 마시며
창밖에 비치는 구시가지를 내다보면 어떨까?
리스본행 야간열차의 작가 파스칼 메르시에가 죽었다
독자로서 작가의 명복을 빈다
베를린 자유대학의 철학교수였던 그는
본명으론 에세이를 쓰고 필명으론 소설을 썼다지
사랑할 때 헷갈리지 않았을까?
늙은 도마뱀 같은 야간간열차가 지나가는군
차창에 기대고 있는 저 사람이
필명의 그 남잔가 본명의 그 남잔가
리스본이 아닌 이곳에서
엉성한 허구에 기대는 밤

허황함을 살다 가리라

나는 형용사를 사랑한다
게다가 부사어도 사랑한다
형용할 수 없는 형용사와
무엇도 충분히 꾸며주지 못하는
부사어의 어이없음을 사랑한다
명사가 가리키는 헛것들과 끝내는
아무것도 가리키지 못하는 속사정을
나는 지지한다
그게 나의 직업이니까
명사가 아니라
삶을 고정시키지 않으려는
형용사와 부사어의 허허벌판 같은
넉넉한 허황함을 살다 가리라

하염없이 눈 내리는 밤

반포치킨 단골이었다는
문학평론가의 외상장부에도
눈이 내리는 날
나는 낮은 신음을 듣는다
고속버스에 몸을 얹고 강원도로 가던 시절
글쟁이들이 모여 맥주를 마셨다는 동네가
여긴가 저긴가 궁금했지만
가본 적이 없으니 나에게는 흩날리는 풍문
오늘같이 눈 내리는 날
묵은 잡지를 펼쳐들고 있으면
기억에서 묵은 종이냄새가 올라온다
표지에 찍힌 젊은 작가는 이제
세상에 없다
젊은날 씩씩대며 읽었던 작가들
잡지 구석에 실린 시 한 줄도 귀하게 음미하고
가슴 뛰던 시절이 내게는 가련한 시였을 것
읽어도 써도 어느덧 시큰둥하다
내 탓만은 아닐 것

오늘 같이 쉰 목소리로 눈 내리는 날
마음 붙일 데 없는 밤이면 더듬거리며
없는 시를 찾아 읽는다
변심한 옛사랑 찾아가듯이

구성작가

구성작가가 꿈이었던 때도
있었다 주로 라디오의 프로그램 구성과
대본을 쓰는 일이다 심야 음악프로 같으면
오프닝에는 무명으로 버티다 사라진 시인들의
시를 읽어주고 싶었을 것인데 돌이켜보자면
그런 게 다 진정한 헛꿈이었다
진정한 꿈은 나라의 현실을 재구성하고
가상세계의 대본을 쓰는 작업이다
국가의 형태는 널널한 공화제
대통령의 캐릭터도 작가가 구성하고
경차를 몰고 출퇴근하는 대본도 제공할 것이다
사랑하는 어쩌구 하는 헛말은 삭제
경호원 없이 퇴근하면서
동네 포차에서 외상 긋고 가는 모습도 연출하고 싶다
거리에서 아이스커피를 손에 들고 휘파람 휙휙 불며
효자동 거리를 걸어가면 보기에 좋을 것이다
(국민이 보든 말든
쇼든 말든 한 개인으로

살아나가는 고독스러움도 보여줘야 한다)
북촌에 있을법한 골목서점에 불쑥 들어가
박세현 씨 시집 있습니까?
(대본은 수정할 수 있으나)
이 정도 말할 수 있다면 초대박이다
그러나 세상은 대본대로 진행되지 않는다
그러므로 (대본과 상관없이
세상은 아름답게 더 참되게)
될 대로 되라

철학이 멈추는 시간

이 제목은
제목이라기보다 그저 내가
내 일생에 그어놓은 밑줄이다
정성일이 왕빙의 영화에 대해 쓴
영화비평집 『나의 작가주의』 203페이지 끝에서
둘째 줄 '죽음이 우리를 갈라놓을
때까지'를 읽고 있다 영화는
알츠하이머를 앓는 Mrs, Fang(方綉英)
할머니의 임종을 찍은 왕빙의 다큐멘터리다
미세스 팡(1948~2016)이 죽는 장면을 평론가는
'철학이 멈추는 시간'이라 썼다 나는
이 문장에 걸려서 여기에 2박3일 머물고 있다
영화평론가 정성일 씨는 참 골치 아픈
사람일 것이다 거의 그렇다고 나는 본다
그의 글을 읽는 것은 영화보다 더 힘들다
끝까지 쓰고 더는 없는 끝을 파고든다
그것도 모자라 여러 개의 괄호를 파놓는다
나같이 카메라 앞을 가로질러 가는 게

습성인 인간과는 근본과 세계관과 급이 다르다

그래서 그가 찍은 영화와 비평에 붙잡힌다

영화가 우리를 갈라놓을 때까지

아니다 철학이 멈추는 시간까지 왕빙과

저 평론가를 지지할지도 모르겠다

다 한때인 줄 잘 알지만

그 한때를 다해서

당신에겐 당신의 시가 있겠지요

쌍문역과 미아역 사이
무연고의 수유역이 있듯이
당신과 나 사이에 허약한 과가 있지요
이 멍청한 접속조사에 엮여 있는
당신의 나와 나의 당신
몇 줄 더 쓰면 사족이 되고
헛울음이 되고 말지요
당신이 나를 알면서 나를 모르듯이
나도 당신을 알지만 당신을 모르거든요
평생 이 지점 모처(某處)를 서성거리며
서로를 오래 간섭하는군요
오늘은 두서없는 첫겨울 비
온통 내 마음을 적시는군요
당신에겐 당신의 시가 있고
나에겐 나의 시가 있겠지요

비빔국수

재수 없으면 문학사에 남을 수 있으니
조심하라고 거듭 그가 말했으니
어떡하면 조심이 되는 거냐
물으려는데 친구는 식당 저편
벽에 걸린 구형 티비에서 흘러나오는
대통령의 계엄령 재방 장면을 본다
문학얘기로 돌아왔지만
더 할 얘기는 남아 있지 않아 다시
계몽령 저편의 몽환적 동영상을 바라본다
문학사에 남지 않도록 조심해라
친구의 말끝을 물고 티비에서 빠져나온
계엄군 1명이 빈총을 메고 식당으로 들어선다
그가 민간인처럼 말했다
여기 비빔국수 하나요
계산대 옆 일회용 커피를 집어 들며
친구는 중얼거렸으니
이집 삼박자 커피 오늘따라 엇박자로 노는군

쓸쓸한 미스터리

나의 대학 졸업논문은 윤동주다.

말이 논문이지 도서관에서 남의 석사논문을 슬슬 베꼈던 것.

지도교수는 "잘 썼군" 그랬다. 남의 것 베꼈다고 자백했더니 교수는 웃으면서 다 그런 거라며 쥐고 있던 편지를 보여줬다. 지도교수가 출판한 문학개론서를 본 서울 모 대학의 교수가 자기 책을 베꼈다고 항의하는 편지란다. 나는 말했다. "이분 글씨체가 좋습니다." 교수는 편지를 구겨 쓰레기통으로 슛을 날리면서 말했다. "자기도 일본책 다 베꼈으면서 웃기는 짜장이야." 교수님은 크게, 나는 교수보다는 소심하게 웃었다. 그날의 지도교수님을 잊지 못하고 여직 존경하는 이유는 내 삶의 쓸쓸한 미스터리다.

각자의 인생

내가 쓰는 시는 망작이다
어째서 그런가는 모르겠다
나는 단지 내 시의 흔적만 쓴다
더 이상의 무엇은 없다
그 누구도 건드리지 않는다는 점에서
문학사적 떨림이 없다는 점에서
주로 거짓말을 쓰고 있다는 점에서
내 시는 피할 길 없는 실패작이다
이런 막강한 시작 노트는
내 시의 결정적인 보람으로 남을 것이다
짧은 필경의 밤 앞에 통속적으로 말라버린
의미 한 토막 올려놓고 제사를 지내면서
천지신명이시여
나의 망작에 기대어 이 삶을 지나간다
시는 기능이 아니라
한갓 쓸모없는 아름다움이 아니라
각자의 인생이라는 섬망적 순간을
또박또박 쓰고 밤이면 다시 고쳐쓴다

진보적 형식

소규모 출판사에서 만들던 시집이
돈이 없어 중단되었다는 소식을 접한

12월 오후

화려한 연말정산이다
출판사 주인한테는 고맙다고 인사했다
인쇄가 취소되는 일은 나다운 문학의
진보적 형식이 되는 순간이다
내 시집의 본색을 구경하지 못할
독자를 생각하면 아쉬운 일이지만
그냥 그렇게 지나갑니다
도처에서 펄럭이는 12월의 빈자리가
출판된 나의 시라는 사실을 인정하는 일은
어렵지 않다

가제본 몇 부 있으니 필요하시면
연락 바란다

봄날이니까

도서관에 간다
어제도 갔군
저번 주에도 갔다
사서로 보이는
사서가 아닐 수도 있는 직원이
날 보고 공손히 선생님이라 부른다
영양가 없이 우쭐해진다
어떻게 알았을까
딱 보면 아는가 보지
뒷사람한테도 선생님이라 부르더라
그러면 그렇지
앞 문장은 순삭해야겠군
빌리려던 책은 도로 놓고 나온다
읽지 않아도 될 책이었다
봄날이니까
그냥 그렇게 해 본 것
열람실 직원이 나보고
그냥 선생님이라 부르듯이

4

모월 모일

 '시는 없다. 많은 시들이 있을 뿐이다. 아름답고 망상적인.' 데이비드 실즈다. 산문집에 쓴 적 있는데 (괜히 맘에 들어) 알면서 다시 쓴다. 이런 문장을 접하면 몸도 아니고 마음도 아니고 어쩌면 생각의 외진 골목이 밝아지는 느낌이다. 저 골목의 가로등 밑으로 잊었던 마음이 걸어온다. 아름답고 망상적인 시 같은 그대.

모월 모일

한 판 두 판
꽃 피는 적막강산을 누비며
놀다 가면 좋지 않겠니?
춘몽 한 판
후속편 없이 놀다 가도 좋지 않겠어?
당신에게 손 흔들어주겠어
마지막인 듯 당신도 한마디 하고 싶겠지
그러나 당신의 언어도 단(斷)이겠지
불립문자의 마음으로
서로 빈손만 흔들어주자구요
만 개의 웃음으로 만개한 벚꽃이
후르르 져버리던 날 꿈속의 하루처럼
아니 놀지는 못하리

모월 모일

매번 강릉에 가지만 끝내 강릉에 이르지 못하는 나는 하릴없는 일개 짝퉁 디아스포라다.

지금은 강릉시로 편입된 명주군 왕산면 목계리 535번지.

나는 그 어디쯤 참나무 밑둥 혹은 뻐꾸기 울음 뒤끝에서 나왔는지도 모른다.

이런 게 뭐 중요하겠는가. 중요하지 않기에 우정 적어둔다. 535번지는 남향받이고 양철지붕이다. 방은 아흔 아홉 칸이 아니고 네 칸짜리였다. 정확히는 내가 여기서 태어난 것은 아니다. 거기보다 대략 1킬로미터 위쪽 산밑 초가집이 정확한 나의 태생지다. 이런 고증이 중요한가. 물론 중요하지 않다. 그래서 또박또박 쓴다. 중요한 것은 다른 사람들이 쓴다. 이웃집에 재순이, 형대 같은 국민학교 동창이 살았다. (국민학교는 입력과정에서 초등학교로 자동 교체된다. 나는 초등학교를 다닌 적이 없다.) 그 시절 산속에 피던 진달래는 지금도 매년 피고 있을 것이다. 뒷산 뻐꾸기도 대를 이어 울고 있다. 살 속을 파고들던 개구리 떼창. 태백산맥의 의붓자식 닮은 뒷산은 경사가 가파르고 정상에 할아버지 산소가 있었는데 상여꾼들이 힘들어서 못 가겠다고 파업시위를 벌였다는 설화가 전한다. 지금은 이장했다.

집에서 학교까지는 통학수단은 시내버스였다.

갈 때는 버스지만 올 때는 걸어서 오거나 운 좋으면 트럭을 얻어 탔다. 트럭을 향해 인사를 하면 태워주는 운전수도 있었지만 그냥 가는 차를 향해서는 단체로 상스러울 것 없는 팔뚝질놀이를 해댔다. 운전수 아저씨, 엿 잡수세요. 그것은 시골 학동들의 때 묻지 않은 저항이자 유희였다. 그리고 비포장의 신작로(이때의 신은 신소설의 신과 같은 개념)를 걸어서 집으로 왔다. 십리길이라 부르는 거리지만 십리가 되는지 어쩐지는 아직도 모르겠다. 그것이 중요한가. 너무나 중요하지 않다. 도마리 농업협동조합에 붙어 있던 간판은 지금도 기억 속에서 선명하게 낡아가고 있다. 고구마 줄기가 그려져 있던. 올해는 일하는 해. 올해는 더 일하는 해. 올해는 시 쓰는 해. 올해는 더 시 쓰는 해. 내 문학의 원점이 여긴가.

강릉중학교 시절 그때 중간고사 끝나고

단체로 벤허를 관람했던 강릉극장(은 지금도 나의 늙은 연인처럼 형식만으로 남아 있다).

삼문사(는 강릉의 셰익스피어 앤 컴퍼니 혹은 마지막 서점이었을 것). 시속 25킬로미터로 신작로를 엉금엉금 기어가던 완행버스. 버스 요금을 장작개비로 대신하던 국민학교 시절.

학동들이 각자의 요금을 지팡이처럼 짚고 줄지어 서서 느리게 오는 버스를 기다리던 풍경. 우습다고요? 웃지 마시라. 그러나 웃어도 된다. 나도 조금 웃고 있으니까.

경포대의 아스라한 밤벚꽃. 안목항으로 가는 천방둑의 달맞이꽃. 용강동의 강릉고등학교(내가 이 학교졸업장을 가지고 있다는 후문). 내곡동의 명문 관동대학(앞 영양개선의 집에서 먹던 사먕라면). 내 스무 살을 살아준 초당동 강릉교육대학. 초당의 나이 든 소나무 몇몇은 아직도 나를 알아본다. 진미당(의 만두). 우미당(의 단팥빵). 월화예식장(에서 없는 개폼 잡던 문학의 밤). 시민관. 강릉우체국(앞에서 눈 내리는 날 만나자던 약속은 왜 아직도 지켜지지 않는지).

경포 해변에 늘어섰던 여관집들(은 다 사라졌음. 추억도 철거되었으니) 성남동 205번지 방석집(의 질펀한 젓가락 장단들, "너무나도 그 님을 사랑했기에"). 고전음악 감상실 넘버나인(을 드나들던 아마추어 건달들). 강원여객. 청탑다방(은 지금도 박물관처럼 남아서 추억을 지키고 있다). 안목해변(에서 파도를 향해 부르던 노래. "끝없이 끝없이 자꾸만 가면 어디서 어디서 잠 들 텐가. 아. 볼 사람 찾는 이 없는 조그만 밤배야", 그땐 몰랐지만 이제 보니 그 길을 가고 있음이다). 한여울문학동인 시절(에 대학노트에 시를 필사하면서 헛길을 걷기 시작).

대통령 박정희 씨가 피살되면서 중단되었던 문예사조사 (는 내가 들었던 강의중 단연 으뜸이다. "기지의 것을 위해 미지의 것을 포기한다"는 에밀 졸라의 문장. 강사가 열나게 침을 튀기던 스탕달의 『적과 흑』도 생생하다. 줄리앙 소렐처럼 나도 가방 하나 들고 먼 꿈을 향해 강릉을 떠났을 것이다. 외래강사는 문학평론가 백승철 선생.) 주문진 들어설 때 오촌 당숙모처럼 달려들던 생선 비린내. 비린내 사라진 주문진은 거의 주문진이 아니다. 상고와 농고(는 다 개명했더군. 단오행사 때 공설운동장 맨땅에서 벌어지던 농고와 상고의 축구경기. 월드컵은 저리 가라. 소년시절의 흥분이 가슴 어딘가에 남아 있음. 용감스럽다, 강농의 선수들. 농고에 진학해서 축구부를 응원하는 게 꿈이었음. 그땐 그랬지.)

환갑시인 박용재가 씩씩하게 말했다. 옛날 같으면 나는 고려장감이야요. 그는 '우리'라는 복수형을 쓰지 않았다. 고려장은 내 청춘이 하룻밤 묵었던 여관집 상호 같다. 갈매기 휴지조각처럼 날아오르는 경포와 사근진 사이에 있을 고려장에 가면 나직하게 묻게 될 것이다. 조용한 방 있어요? 그 뜨끈한 파도소리 아랫목에서 개량한복처럼 앉아 명상하게 될지도 모른다.

쓰지 않아도 될 문장 몇 보탠다. 즉, 나는 왜 시를 쓰게 되었는가. 이 문장을 작성하기 전까지는 안다고 생각했는데 문장으로 옮기려니 갑자기 서먹해졌다. 내 시쓰기의 기원도 모르겠고 무엇이 시인지도 아리송해졌다. 흔히들 시라고 합의하는 평균은 시에 대한 오염일 뿐이라는 정도는 알겠다. 시론이나 시학 얘기는 하지 말자. 문학 근처에 가보지 않은 문학교수는 시골문청들을 향해 뜬구름 잡지 말라고 경고했다. 나는 그 교수의 충고와는 다른 방향에서 뜬구름 잡기가 문학의 한 요체라고 신앙하게 되었다. 예를 들면, 세르반테스나 허먼 멜빌에게 뜬구름 잡는 욕망이 없었더라면 돈키호테와 모비 딕은 쓰여지지 않았을 것이다. 꿈은 실패할수록 꿈다워진다는 사실을 두 소설은 여실하게 보여준다. 그러니 헛손질이 될지라도 뜬구름을 잡는 시늉을 하자. 헛소리만이 참소리에 가 닿을 것. 나는 뜬구름 동호회 평생 회원이다.

이런 문장을 두드려놓고 보정을 한다.
이게 다 무슨 소용이람. 소용 있음과 소용 없음 사이로
여름비 후두둑거리는 소리를 듣는다.
고깃배 몇 척 심심하게 떠 있던 안목항은 이제
남의 거리가 되었으니 다소 어수선한 남항진쯤에서 만나
장칼이나 한 사발 하면 좋겠다.

감자적도 한 판 시켜놓고 소주 한 잔.

빗방울이라도 듣는다면 더 이상의 음악은 없을 것.

잔 잡아 권할 이 없어 마침내 내가 내게 권하는 술잔.

덧없기에 아름다운 꿈,

즐거운 허송세월이시여.

방심하며 쓴 글은 여기까지다.

모월 모일

  도서관에 앉아 책을 읽는 것은 아니다. 열람실 구석에서 멍하니 앉아 있거나 눈을 감고 가수면 상태의 항해를 즐기는 편이다. 먼 곳을 돌아다니는 여행자의 기분이 된다. 안면 있거나 낯선 저자들이 내 곁으로 다가온다. 도서관에는 참 많은 작가들이 모여 사는구나. 나와는 면식도 없고 인연도 없는 저자들이 이렇게나 많다니. 어느 천년에 저 책을 다 넘겨볼까. 다종다양한 책들이 나의 침묵을 방해한다. 머리가 어지러워지면 머리를 식히기 위해 실용문학 코너로 간다. 거기는 꾸준히 팔리는 소설, 수필집, 쇄를 거듭한 시집, 독자 위로형 서적들이 즐비하다. 서점만이 아니라 도서관에서도 붐비는 코너다. 이 코너 앞에 서면 남대문시장통을 걷는 기분이 든다. 여기저기서 지지고 볶는 음식 냄새가 진동을 한다. 식욕을 돋우기도 하고 그렇지 않기도 하다. 많이 팔리면

본래의 뜻과 상관없이 문학은 실용서적으로 변신한다. 그게 문학의 본능인지도 모른다. 반납하려고 하려고 들고 갔던 최승자 시집을 다시 들고 왔다. 한 번 더 읽으려고 그랬던 것 같지는 않다. 그냥 그렇게 했다. 도서관 앞마당 목련이 어느새 꽃을 지우고 있다. 다시 나는 여행자의 모드로 걸어간다. "내일도 나는 하늘 도서관에서/ 허름한 책 한 권을 빌리리라"(최승자)

모월 모일

 시를 만나면 시를 죽여야 한다. 시가 자기의 길을 가자면 불가피한 선택이다. 수긍은 가지만 실천은 어렵다. 남이 열어놓은 길을 밟지 않겠다는 서원이다. 음. 견적이 커지는구나. 무슨 파, 누구 계열, 누구 류를 벗어나야 한다. 자칫하면 누군가의 뒷줄에 서 있기 십상이다. 자신의 시대를 상실하고 '남의 시대'를 살고 있는 시인들은 더 그렇다. 이렇게 써도 어색하고 저렇게 써도 어색하다. 엉거주춤한 채로 쓰고 있는 것이다. 어쩔 것인가. 나는 타성과 자기의 인습에 젖어서 쓰고 있다. 시를 이런 식으로 쓰면 안 된다는 하나의 예시다. 지금이 문학의 시대라도 되는 듯이 쓰고 있다. 부처를 만나면 부처를 죽이고 조사를 만나면 조사를 죽이라지만 좋은 시인을 만나면 공손하게 인사하고 지나가자. 큰 시인을 만나면 가던 길 내어주고 손이라도 흔들어주기로 하자. 남의 시대에 빌붙어 사는 내가 할 수 있는 문학적 제스처다. 나에게 시는 철학이 아니고 종교도 아니다. 버벅대면서 오답을 정답처럼 말하겠다. 나에게 시는 매일 아침 내 앞에 다가온 무결정의 순간이다. 숙녀 같은 시간이라고 썼다가 생각 없이 지운다. 백수 같은 시간이라고 고쳐 쓴다.

모월 모일

시 한 편 썼다. 그리고 잠들었다. 시는 나름의 팔자가 따로 있다. 아침에 깨면 어제 썼던 시는 까맣게 잊는다. 내가 이런 시를 썼던가. 그게 나에게는 축복이다. 내가 쓴 시 내가 쓰지 않았다고 우길 수도 있고 썼던 시 다시 쓸 수도 있다. 무슨 상관인가. 쓰여진 시는 쓰여졌을 뿐이다. 너무 시 같은 시는 시가 아니다. 언제나 이 문장에 기댄다.

모월 모일

재즈책을 읽는 일은 늘 즐겁다. 재즈에 관한 책 두 권이 내 앞에 있다. 『재즈가 나에게 말하는 것들』(최은창)과 『재즈가 너에게』(김민주)가 그것이다. 앞의 것은 2024년 12월 발행이고, 뒷것은 2025년 3월 초판 발행이다. 시차가 없다. 제목도 '나에게'와 '너에게'가 달린 것을 보면 무언가 상통했던 모양이다. 최은창은 현역 재즈 베이시스트라는 점이 눈길을 끈다. 연주자 직강 같은 느낌. 문장이 정확하고 평이하다는 자연스러움에 재즈적인 스윙감이 보태졌다. 김현준, 남무성, 황덕호와 같은 재즈 애호가들의 필력에 하루키적 느낌도 자기 것으로 소화한 문장이다. 김민주는 '재즈는 어디에나 있다고 알리는 사람'이라고 소개된다. 재즈 콘서트의 실황을 생생하게 옮긴 열 두 편의 에세이가 서간문 형태로 쓰여졌다. 키스 자렛에서부터 마일스 데이비스의 연주까지. 두 권의 재즈서적을 읽으며 당분간 즐겁겠다. 재즈를 읽으면 콘서트 현장에 있는 듯하다. 문장에서 재즈가 흘러나오는 것만 같은 흐뭇함. 과장된 표현이지만 과장만은 아니다. 재즈의 즉흥성에서 시를 만난다. 악보를 넘어서는 길을 찾는 음악형식. 어떻게 정의하든 재즈는 하나의 정신이자 예술적 태도이다.

모월 모일

박세현은 기존의 시적 틀에서 벗어나 자신만의 독창적인 시세계를 구축한다. 그의 시는 때로는 파격적이고 때로는 유머러스하며, 독자에게 신선한 충격을 선사한다. 시인은 일상적인 소재를 통해 삶의 본질을 탐구한다. 그의 시는 평범한 일상 속에 발견되는 아름다움과 의미를 섬세하게 포착하여 독자의 공감을 불러일으킨다. 박세현은 언어의 다양한 가능성을 실험하며 독특한 시적 표현을 만들어낸다. 그의 시는 언어의 리듬과 뉘앙스를 섬세하게 조율하여 독자에게 새로운 언어적 경험을 선사한다. 또 그는 시와 산문의 경계를 넘나들며 자유로운 글쓰기를 추구한다. 그의 산문은 시적인 감수성과 통찰력을 바탕으로 독자에게 깊은 사유의 시간을 제공한다. 구글의 생성형 인공지능에게 '박세현 시의 특징'을 물었더니 0.5만에 돌아온 대답이다. 내가 정말 이런 시인인 줄 착각할 정도지만 나는 속지 않는다.

모월 모일

나의 전직은 교수. 관저 같은 건 있어야 할 리유가 없으니 사저에만 머문다. 경호원도 없고 방탄조끼도 입지 않는다. 법원에서 오라 가라 하는 일도 없다. 법카도 없고 탄핵하겠다고 대드는 민중도 없으니 다행이다. 이런 나를 자축하기 위해 휘파람 분다. 대한민국은 늘 민주화 도중이다. 민주주의와는 상관없는 유사 민주주의. 대통령은 주상 전하다. 대통령을 그저 아무개 씨. 그렇게 부르면 무엇이 부족하단 말인가. 인공지능 시대에 거세된 지식인들은 자기만 읽는 논문을 쓰면서 사회관계망서비스에서 젠체하지만 딱하기는 마찬가지다. 나는 오늘도 휘파람 불면서 경호원 대신 상냥하게 인사하는 아파트 정문 경비초소를 지나 출가한다. 신념에 찬

또라이들이 보이지 않아 좋다. 문필인은 유니폼 입고 떼지어 다니면 그걸로 끝이다. 그때부터 당신의 촉에 걸려들어야 할 세상은 흑백사진이 되고 만다. 전철 승강장 대기선에서 전철을 기다리는 평상복 차림의 전직 대통령은 만날 수는 없는가. 그런 순간이 온다면 내 앞자리 정도는 양보할 수 있다. 대놓고 말해 그런 나라는 오지 않을 것이다. 아들이 할부로 사준 작은 승용차를 몰고 낚시를 떠나는 전직 대통령을 보고 싶다. 연금과 경호원과 관저를 사양하고 작은 아파트에 살면서 어느 날은 부부싸움 하고 갈 데 없어 공원 벤치에서 철학하고 있는 모습도 좀 보여주면 어떤가.

모월 모일

박세현의 「당신이 읽어도 상관없는 시」는 시 창작의 본질과 시인으로서의 고민을 솔직하고 담담하게 풀어낸 시다. 시인이 느끼는 불안감, 자조적인 태도, 그리고 그럼에도 불구하고 계속해서 쓰는 행위 자체의 중요성을 엿볼 수 있다. 화자는 시가 "망했다는 풍문"이나 "이거 시가 맞는 거야"와 같은 내적 갈등을 드러내면서도, "아니라도 상관없다", "그냥 쓰는 거야"라며 형식이나 평가에 얽매이지 않고 쓰는 행위 자체에 집중하는 모습을 보여준다. 특히 "시가 아닌 줄 알면서 쓰는 시", "읽을 사람 없어도 쓴다", "일방적으로 쓰는 거야" 등의 구절은 시의 사회적 역할이나 독자의 반응보다는 자기만족과 창작의 순수한 동기에 더 큰 의미를 두는 듯하다. "상계시장 노점 폭탄세일처럼/ 전과 4범처럼 쓰는 거야"라는 비유는 다소 파격적이고 해학적으로 느껴지지만, 이는 진지한 시 창작의 과정에서 오는 허무함과 현실적인 고뇌를 역설적으로 표현한 것으로 읽힌다. 완벽함을 추구하기보다는 때로는 '삑사리'가 나는 것조차 대견하게 여기는 태도는 자유로운 창작 정신을 보여준다고 하겠다. 마지막에 "끝줄을 써야 할 타이밍인데/ 첫 줄부터 다시 시작해야겠다"는 부분은 시가 완성되지 않거나, 혹은 계속해서 새로운 시작을 시도하는 창작의 순환적인 과정을 암시한다. 결국 "누구도 읽지 않을 시/ 당신이 읽어도 상관없는 시"라는 반복적인 구절은 시인에게 있어 시의 존재론적 의미가 독자의 유무와는 별개라는 메시지를 전달한다. 전반적으로 이 시는 시를 쓰는 행위 자체의 의미를 탐구하고, 그 과정에서 오는 시인의 솔직한 감정과 통찰을 보여주는 시라고 할 수 있다. 시의 제목은 로쟈의 시 「누가 읽어도 상관없는 시」와 짝을 이룬다. 지인이 쓴 약식 리뷰다.

모월 모일

정성일의 『휴일』을 읽고 커피를 마신다. 커피는 보온병에 보관된 어제의 잔여분. 숙성된 맛. 흘러간 시간의 맛. 정성일의 책에는 '1968년 겨울, 남산에서 길을 잃고 서울을 떠돌면서'라는 긴 부제가 붙어 있다. 1968년에 만들어지고 잊혀졌던 이만희의 영화에 대한 집요한 비평적 감상문이다. 한국영상자료원에서 발간한 'KOFA 영화비평총서'의 1번 타자로 나선 책이다. 이만희의 대표작으로 꼽히는 〈만추〉는 '소문 속의 영화'다. 필름이 없기 때문. 제작자 호현찬의 말에 따르면 "이 영화 프린트가 세 벌이었는데 하나는 한 영화사 사장이 빌려 가서 잃어버렸고, 다른 하나는 미국에서 이 사람 저 사람 손으로 건네지다 실종되었으며, 마지막 하나는 네거티브 원판인데 스페인에 수출되어 개봉한 뒤 돌아와 김포세관에서 폐기 처분되었어요. 스페인에서 돌아온 네거티브가 관세 때문에 묶여 있었는데 나중에 찾으러 가니 이미 한강변에서 소각한 다음이라는 거예요." 저자가 김기영 감독에게 한국영화에서 인정할 수 있는 영화가 있느냐고 질문했을 때 대답은 딱 한 마디. "〈만추〉, 그거 한 편이지" 누구도 다시 볼 수 없는 영화가 된 것. 소설가 김승옥이 연출한 영화가 있다는 사실에 놀람. 김동인의 〈감자〉(1968년). 가외의 놀라움.

모월 모일

헷갈리거나 모호해지면
시가 된다.

모월 모일

파란 하늘 밑으로 지나가는/ 만장의 물결 그 아래로 가라앉는 침묵/ 그대는 그대의 그대 나는 나의 나/ 정답게 인사하고 간다/ 남산도서관 옆 소월 시비를 지나/ 새벽보다 더 파란 하늘 밑을 지나/ 만 장의 산벚꽃 절정을 향해 간다/ 이쯤에서 보면 어디든 서울의 내장이 다 보일 듯/ 내 발자국까지 숨소리까지 투덜거림까지/ 충무로역 1번 출구까지/ 저 파란과 만장의 물결/ 손을 흔들며 지나가는 행인/ 그가 파란만장의 깃발을 흔드는 나였던가/ 과연 파란이 만장하시다

모월 모일

내 시집 『사경을 헤매다』가 열림원에서 나왔을 때 출판사가 마련한 조촐한 책파티에서 이윤기 선생을 뵌 적 있다. 다른 것보다 라이브로 열창하던 소설가의 커버곡들이 나에게는 시간의 방울이 되었다. "말없이 건네주고 달아난 차가운 손/ 가슴속 울려주던 눈물 젖은 편지"

모월 모일

그의 글쓰기는 대체로 문란하다. 기존 문법을 존중하지 않고 의심한다. 좋게 말하면 방외성이고 부정적으로 말해도 방외성이다. 자유롭거나 자유에 온전히 섞이지 못하고 외톨이로 겉돈다는 점에서 그렇다. 여기서 그를 나로 대체해보지만 나는 거기에도 어울리지 않는 편. 걷는 것도 아니요 뛰는 것도 아닌 엉금엉금 기어다니는 인류.

모월 모일

 좋은 봄날이 또 지나간다. 혼자 보낸 벚꽃 그늘의 시간. 묵은 인연과 새 인연들. 눈앞에 분분한 벚꽃이 새 인연이다. 내일도 낯선 곳을 걸어야겠다. 도보업에 충실하면서. 많은 증상, 많은 시. 꽃잎처럼 소문 없이 흩어져 갈 시들. 기표의 연쇄, 인연의 연쇄. 문장에서 밀려나 떠다니는 시들. 시는 더 이상 문장에 머물지 않는다. 그건 시가 아니라 시라는 한 증상의 횡단이다. 문자는 늘 시를 배신한다. 내 생각을 배신한다. 나의 시는 내 생각이 지나간 자국이다. 소설가 서정인의 부음이 들려온다. 1936년생. 그의 초기 단편을 읽으며 보냈던 내 젊은 날도 그의 죽음 속에 묻어 있다. 『강』 『가위』 『원무』 같은 소설들. 제행이 무쌍하다. 얼마나 다행스러운 일인가. 봄날이 간다는 것.

모월 모일

 오늘 하루의 진부함에 대해 설명해야 한다. 각자의 신음으로, 외침으로, 탄식으로, 각자의 문체로 각자의 입모양 대로 설명하면 된다. 크게 벌어진 당신의 입속으로 들어가겠다. 공감하고 싶은 절절함만으로. 이론(理論/異論) 없이. 무방비 상태로.

모월 모일

 어떤 순간에 순간적으로 쓰여진 시가 있다. 그 순간의 시는 설명이 불가하다. 이거 내가 쓴 거 맞나. 즉흥 연주를 악보에 옮긴다고 음악을 제대로 표기할 수 없는 사정과 같다. 순간적으로 발화한 시는 순간에 맡겨야 한다. 어떻게 설명하든 그것은 나의 실존이고 실존과 무관하다. 모든 시에 설명이나 해설이 가능하다고 믿는 것은 또 하나의 문학적 미신이다.

모월 모일

 홍정선 교수의 제자 고재봉 학형이 쓴 〈홍정선 비평과 실증적 낭만주의〉를 읽는다. 그는 인하대학교 프런티어창의대학 강사로 재직하고 있다. 〈재만 조선인시 연구〉는 그의 학위논문. 여러 감회가 겹쳐져서 그가 보내준 피디에프 화면을 천천히 스크롤 한다.

 "퍽 외람된 이야기일 수도 있지만 홍정선(洪廷善, 1953~2022)의 비평에 대하여 말하기 전에 그가 지닌 독특한 성격을 추억하고 싶다. 첫째로 그와 조금이라도 교분이 있는 사람이라면 그가 길찾기의 천부적 재능을 가졌다는 사실을 잘 알고 있을 것이다. 그는 자동차 네비게이션의 지시 따위는 무시해버리고 오로지 자기만의 감각만을 믿고 목적지까지 찾아간다. 전혀 모르는 골목 골목을 누비며 목적지까지 빠르게 주파하는 일은 예사려니와, 중국에 큰 홍수 따위로 하늘길이 막혔을 때도 아랑곳하지 않고 다른 도시를 경유하여 유유히 시간 안에 학술회의장에 도착한 적도 있었다. 둘째로 그의 독특한 성격을 알 수 있는 부분은 시장이나 골목길을 지나갈 때이다. 할머니나 할아버지 행상이 푸성귀를 팔 때면 지나치지 않고 예외 없이 그 값을 물으며 흥정을 시도한다. (…) 홍정선은 복잡하고 어려운 길도 능란하게 찾아갈 만큼 자신의 감각을 예민하게 작동시키는 사람이었으며, 동시에 그 길가에서 만나는 사람들에게까지 세세하게 관심을 던지는 다정한 성격의 소유자였다."

여러 번 홍교수와 여행을 해봤기에 저 글에 공감하며 이의가 없다. 그의 평론감각과 인간을 흠뻑 느낄 수 있는 회상이다. 그의 컴퓨터 하드디스크에 보관되어 있다는 동영상과 중국 기행문들이 공개되는 날이 오기를 기다린다.

모월 모일

 천재가 없는 시인은 둔재처럼 쓴다. 그러면 된다. 어제 썼던 시 다시 쓰면 된다. 지루한 형식과 식상한 내용과 늘 쓰던 속도로 쓰면 된다. 왜 그렇게 지루하게 쓰냐고 묻는다면 지루한 삶을 복사한다고 대답하면 된다. 그러면 된다. 한 줄 쓰고 한 줄 지우면서 시를 쓴다. 이 말 대신 저 말을 넣어본다. 그렇지만 세상은 달라지지 않는다. 금방 지운 문장을 살려내고 읽어본다. 처음 썼던 문장이 역시 옳다. 세상과 우주가 내 손 끝에 달려 있다는 착각을 하면서 무급의 키보디스트처럼 키보드를 두드린다. 밤은 깊어가고 생각은 밝아오지 않는 현타를 두드린다. 이렇게 쓴 시를 모아 시집을 낸다? 지인들에게 시집을 보내면서 쓸 것이다. 읽어주신다면 고맙겠습니다. 출판을 쓰레기통이라고 말한 자크 라캉의 말을 여기다 써 본다. 아무렇지 않다.

모월 모일

 도서관에 김행숙을 반납하고 오한기를 들고 나온다. 오의 소설이 도서관에 전량 구비되어 있었다. 사서가 오 씨 취향인가. 그런 근거 없는 생각을 하면서 4호선을 타고 여의도로 간다. 동대문역사문화공원역에서 5호선으로 환승하고 여의도역 3번 출구로 가야 한다. 거기에는 주사파를 싫어하는 친구들이 여의도공원에서 금년도 벚꽃과 작별식을 치르기 위해 기다리고 있다. 벚꽃이 바쁘게 시들고 있는 윤중로를 걸을 것이다. 재즈가 '지금 여기의 음악'이듯이 삶은 언제나 지금 여기의 문제다. 전철에서 방심하면서 흔들리고 있는 지금이 나의 삶이다. 지금 내 앞에서 무슨 일이 벌어질지 알겠는가. 다시 재즈가 그렇듯이 삶은 현재성과 즉흥성에 있다. 곧 만나 악수하게 될 친구들은 모두 70객이다. 70이 넘으면 각자의 스타일로 작별하는 연습을 하게 된다. 전철에서 오의 소설을 읽을 수도 있겠지만 그러지 않기로 한다. 영산홍 피는 아침이다. 오의 소설이 궁금해진다. 내 책도 누군가를 건드릴 수 있으면 좋겠다고 생각하는 사이에 전철이 환승역에 들어선다. 아무려면 어떠랴. 나라도 건들렸다면 된 것. 오늘은 여기까지.

모월 모일

 가볍게 읽었는데 점점 무거워지는 시가 있다. 복잡하게 읽혔지만 갈수록 아무것도 아니게 느껴지는 시도 있다. 시를 무게로 따질 일은 아니겠다. 그럼 무엇으로 따지는가. 시를 두고 따진다는 개념 자체가 허망하다. 시는 이론적으로 따져지는 물건이 아니라고 이 사람은 생각한다. 머리로 생각하고 머리로 쓰고 머리를 굴려 따지는 일에는 관심이 없다. 시는 그냥 거기 그렇게 있는 것. 언어로 표현할 수 없는, 표현되지 않는, 언어에서 빠져나간 무엇을 다시 언어로 표현해보려고 애쓰는 작업. 그 무망함. 시는 한 번 쓱 읽고 음, 좋군! 하면 된다. 내가 모든 시의 타자이듯이 내가 쓴 시의 타자도 내가 된다. 가볍거나 무겁거나 지나가면 된다. 그것이 시의 끝이어야 한다.

모월 모일

서른 몇 권의 책을 썼지만 지지자는 없다. 고요하다. 나는 이 적막감을 즐긴다. 내 책 읽어주는 독자 없다고 징징거렸다. 그것은 고독한 자기 확인이자 자기 응시이며 애정이자 저항이다. 레몽 루셀은 그의 소설『아프리카의 인상』의 초판이 소진되는데 22년이 걸렸지만 사후에 많은 지지자를 얻었다. 생전에 그는 계보도 없고 지지자도 없는 무반응을 견뎠던 작가다. 나는 지금 루셀을 빙자해 지지자 없음을 언감 두둔하려는 게 아니다. 나는 지지자 없는 고요를 즐기는 것으로 만족한다. 책을 냈지만 아무도 거들떠보지 않는 이 고독의 평원이 나의 문학적 지평이다. 독자 없는 문학은, 문학이, 아니겠지. 동의한다. 그렇다면 나의 글쓰기는 문학이 아니라 문학 비슷한 무엇이다. '무엇'을 무엇이라 불러야 하나. 키보드에서 손을 거두고 잠시 생각한다.

모월 모일

 책상 위에는 『로쿠스 솔루스』와 『아프리카의 인상』이 놓여 있다. 레몽 루셀의 소설이다. 우산을 받고 도서관에서 대출했다. 비 오는 아침 도서관엘 가다니! 자동차 창문에 젖은 채로 묻어 있는 벚꽃의 낙화를 보는 느낌. 이런 날은 누군가를 만나고 싶다. 꽃이 피는 날도 그렇고 꽃이 지는 날도 그렇다. 비 오는 날도 그렇지만 비 그치고 쨍한 날도 그렇다. 슬금슬금 비 내리는 아침에 시를 쓰는 사람이 있다면 그런 인류와는 만날 생각이 없다. 그건 그렇고 책상 위에 정좌하고 있는 두 권의 저 책을 읽게 될 것인가. 아마도 다 읽지는 않을 것 같다. 푸코, 앙드레 브르통, 미셸 뷔토르, 쥘리아 크리스테바, 블랑쇼, 루이 아라공, 마르셀 프루스트, 폴 엘뤼아르, 레몽 크노, 뒤샹 등등의 지지를 받았다는 루셀이다. 저 정도라면 노벨문학상은 저리 가라다. 모르지. 내가 저 책을 미친 듯이 읽게 될지도. 설마.

모월 모일

 오한기의 『인간만세』를 읽는 중. 답십리도서관 상주 작가로 근무한 소설가의 경험담이다. 소설이니까 소설 속 이야기는 모두 지어낸 것들이다. 50페이지쯤에서 신춘문예 출신의 소설가인 도서관 관장이 자신을 후배님으로 부르는 것에 대한 작중 인물 상주 작가의 반발이 눈길을 끈다. "나를 후배로 지칭할 수 있는 사람은 찰스 부코스키와 조이스 캐롤 오츠뿐이다!" 찰스 부코스키가 이렇게 절묘하게 제자리를 차지한 경우를 드물게 본다. 더러 작가들이 부코스키를 인용하는 경우도 봤지만 그것들이 대개는 문학적 장식이었음을 깨닫게 된다. 소설을 읽으면서 소설이 아니라 소설 주변에서 터득하게 되는 진실도 있다. 『작가의 책상』(위즈덤하우스) 115쪽에 실린 조이스 캐롤 오츠의 사진을 꺼내 본다. 전동 타자기 앞에 앉아 있는 그녀의 얼굴은 50대 초반으로 보인다. 이 책에 부코스키는 없다. 부코스키가 포함되기에는 다소 엄정한 편집으로 보인다. 잘 모르지만, 잘 몰라도 되겠지만, 잘 몰라도 상관이야 없겠지만 오한기의 픽션이 실감이 나서 실실 웃으면서 그의 소설을 리얼리즘 소설이라 명명한다. 후장 사실주의자. 후장이 뭐야? 후장, 몰라서 묻니? 나는 내장 없는 후장 사실주의자 정도다. 훗장 사실주의자도 가능한 명명일 듯.

모월 모일

나는 공백에 쓴다.

나는 공백을 쓴다.

나는 공백에 헌신하기 위해 쓴다.

모월 모일

모든 사람을 즐겁게 해줄 수 없다면
나 혼자 즐기는 수밖에 없지

리키 넬슨이 만년에 발표한 노래 〈가든파티〉에 나오는 노랫말. 리키 넬슨에 대한 각주를 달려다가 치우기로 한다. 쓸데없는 것이, 문장에 매달린 각주라는 생각. 문장에 목을 매고 죽은 문장들. 우좌지간에 나는 저 가수를 모른다. 나를 염두에 둔 말 같아 타이핑한다. 문장은 하라카미 무루키의 책에서 가져왔다. 비바람 그친 봄날 아침. 〈나 하나의 사랑〉(송민도) 같은 시 한 줄에 기대며 오늘 하루 초봄처럼 살기로.

5

모월 모일

  재능 없는 시인의 시를 읽으며

  (그가 누구詩더라?)

  그가 자기 시의 행간에서

  온전히 자기 힘으로 넘어지는 소리를 듣는

  봄 저녁 일곱 시 반쯤

  재능 없음이야말로 온전한 시였구나

  잭슨 폴록이 전시되는 노원문화예술관 앞으로

  워킹 베이스에 맞추어 둥둥거리며

  추상적으로 걸어가 본다

모월 모일

즉비(卽非)

A는 A가 아니라 그 이름이 A다(금강경).

모월 모일

오늘 답십리로 간다. 7호선 전철에서 『인간만세』를 읽는다. 상주 작가 응모에서 오한기한테 밀려서 떨어진 소설 속 인물 진진의 항의 메일이 실감난다. 오한기가 상주 작가에 선정된 건 동국대 문창과 출신이 심사했기 때문이라는 게 진진의 주장. 학연이 작용했다는 것. 진진은 서울대 국문과와 대학원 출신. 진진이 열 받을 만 하다. 갑자기 학연에 의해 상주 작가가 되어 월 2백만원씩 타먹은 오한기가 미워지기 시작했고 이건 어디까지나 사실일 것이라고 믿게 되었다. 사실은 중요하지 않다. 나는 그렇게 믿고 싶었다. 내가 읽었던 소설가가 이 정도의 인간이었던가. 사실을 사실이 아닌 척 소설에 비벼 넣으면서 허구인 척 하다니. 답십리도서관에 항의하려다가 나는 풀이 죽는다. 이건 소설이다. 소설을 읽으면서 살짝 흥분하는 척 해 본 것. 어떤 사실도 소설에 들어가면 허구에 녹아들어 사실의 사실성을 상실한다. 전철에서 내리면서 들어온 생각.

아무도 말하지 않지만 내가 쓴 소설도 있다.

산문소설이라고 명명한 『페루에 가실래요?』가 그것이다. 2021에 썼다. 나로서는 푹 빠져서 썼지만 이 소설을 소설로 인정하는 사람은 없다. 시인이 쓴 개떡 정도로 이해하는 듯

하다. 개떡 이하인지도 모르겠다. 시인이자 퇴직 교수인 '나'가 고향 바닷가 항구에서 자신의 분신인 '시인'을 만나면서 비선형적으로 펼쳐지는 일상과 카페 '페루'를 운영하는 사람들과의 모호한 관계 등을 그리는 소설이다. 현실과 비현실의 경계를 넘나드는 이야기다. 이 소설을 쓰고 난 뒤에 시인이 쓴 시인소설이라고 사방에서 난리가 날 줄 알았는데 그런 일은 일어나지 않았다. 다행이다. 그러나 나의 산문소설 '페루' 만세!

모월 모일

그러고 보니 요즘 통 시를 쓰지 않았다. 기특한 일이다. 다 썼다는 말인가. 스스로 '다'라는 부사어를 주목한다. '다 썼다'는 말에는 청량감이 묻어난다. 시를 다 쓸 수 있는가? 인생을 다 살 수는 있어도 다 쓸 수는 없다. 불가능하다. 자판에서 손을 떼고 생각한다. 결론: 더 쓸 시도 없고 덜 쓸 시도 없다. 이 바닥에 너무 오래 앉아 있다는 생각만 돋을! 늦은 나이에 청와대당번을 하겠다고 애원하는 후보자도 있구나. 연민. 유사 민주주의 국가에서는 저런 일들이 자연스럽고 흔해빠졌다. 연민. 죽어도 한 탕 해 드시고 죽으려는 욕망의 비등점. 나는 그대와 같은 계통의 인류를 믿지 않는다. (몇 줄 생략) 그러다 보니 요즘 통 시를 쓰지 않았구나. 시는 이제

뜨겁던 나의 삶과도 헤어진 모양이다. 너는 상행선 나는 하행선. 아침 커피를 마시면서 혹시 덜 쓴 시가 있는가 헤아려본다. 내가 쓴 작문을 시라고 부르는 미망(迷妄)이 잠깐 서글프다. 이 나이에 무슨! 이 나이 저 만큼에서 서성거리는 나를 만나는구나.

모월 모일

밤에만 시를 읽는다

외계인이 보내주는 시다

당신과 공유하지 못해 안타깝다

모월 모일

4호선을 타고 수유역을 지나며 김영태를 검색한다. 그를 읽으면 그가 마음 섞은 뒤가 밀려온다. 평균율 멤버들의 초기, 김환기, 박남수, 에릭 샤티 등. 나 같은 건 그가 가진 것 중 하나도 가진 게 없는 한 올 지푸라기다. 음악이 있니 그림이 있니 무용이 있니. 그럭저럭 쓴 시 몇 편 만 손에 남았다. 그나마도 한 번 읽고 나면 후줄근해지고 만다. "날 샌 우리/ 龍來 성님과 나/ 뜬 세상 저물녘에 마주 앉아 아무래도/ 아무래도 살짝 나간 우리"(「龍來 성님」) 초개의 시를 읽으면 어떤 손가락으로도 흉내낼 수 없는 개성이 나를 즐겁게 한다. 곡우다. 청명과 입하 사이. 구식 감정으로 구식 시를 써야겠는데 나는 이미 그렇게 잘 하고 있는 바이다. 시가 거덜나기 직전의 시. 그때까지만 쓰자. 아무래도 '살짝 나가지지 않는' 그렇다고 '들어가지지도 않는' 어물쩍 경계에 붙잡혀 사는 말단의 생이라니.

모월 모일

   소설가 이태준이 페이스북 프로필 사진을 바꾸었다.
   그의 등뒤로 바람이 불고
   머리칼 몇 올이 성북동 방향으로 흩날린다.
   구인회 창립 모임을 파하고
   1930년대 술자리로 이동하는 순간인 듯.
   초판본 소설의 표지 같은 그의 얼굴이
   가는 바람에 휜다
   나는 종로를 거쳐 광화문으로 나간다
   깃발과 교성이 난무하는 광장의 오르가즘
   휴대폰을 긁어대는 저 현대판 민중들처럼
   나에게도 해방되고 싶은 허공이 있다

모월 모일

내가 작성하는 이 글이 일기인가. 일록인가. 곡우에 오지 못한 비가 내린다. 주룩주룩. 비의 일생이 완성된다. 이런 날 왕십리에 가면 좋겠다. 영화감독 이만희가 그 부근에서 태어났다지. 김소월이 왕십리에서 나운규와 술을 마셨다는 설도 있다. 썰인가. 내 산문집 『오는 비는 올지라도』(오비올프레스, 2016)는 소월의 시 「왕십리」의 한 구절을 갖다 쓴 것. 이 책은 시인들의 시 한 줄을 제목으로 올려놓고 문자판이 눌려지는 대로 단숨에 쓴 글이다. 남의 시가 건드린 내 살림의 한 구석을 꺼내보며 일생의 단숨을 살았던 기록이다. 그러니까 그 책은 스스로 자신의 운명이 되는 책이다. 나로서는 단연 좋은 책으로 꼽는다. 이 책을 만들어준 오비올 대표에게도 깊은 감사. 이런 날은 왕십리에 가야 한다. 왕십리 CGV에 앉아서 영화를 때리는 거다. 메가커피집 구석에 몸을 던져두고 빗소리에 섞이며 '여러 물 간 시인처럼' 커피도 한 잔. 마음도 한 잔. 이만희처럼 혹은 김소월처럼 왕십리에서 다시 태어나 보는 거다.

모월 모일

시집 『날씨와 건강』의 뒷글 〈사적인 다큐멘터리〉를 읽고 울었다는 카톡을 받는다. 저런! 시집을 읽고 울었다는 톡을 믿어야 하나. 뻥도 심하시다. 시집 받은 인사로 커피 쿠폰은 받아본 적은 있어도 이런 소식은 처음이다. 음. 내 시집의 뒷글이 당신의 어느 부분을 건드렸는지는 알 수 없다. 그건 당신의 사정일 것이다. 내 시집이 실패했다는 독자반증. 울게 만들었다면 시집에 화를 내야 옳다. 불 같이 화를 냈다면 그 '불길'이 당신의 시다. 품앗이 하듯이 영혼 없이 페북에 좋아요를 누르고 4월 하순의 빗방울을 헤아리는 아침이다.

모월 모일

"어제는 딱 열 권의 시집을 팔았다. 그게 서럽기까지 했던 건 이런 날 시집을 사지 않으면 그 빈손은 무엇으로 채우나 안타까웠기 때문이다." 시집 서점을 운영하는 유희경의 블로그 문장. 시집 딱 열 권 만이라도 팔아봤으면 좋겠다는 생각이 지나간다. (몇 줄 건너뛰고) 양심적으로 살아라! 돌아가신 교황의 말씀. 우산을 받고 은행사거리까지 갔다가 왔다. 세탁소에 맡긴 바지를 찾으러 간 것. 오랜 단골집이다. 나도 지구별의 단골인 셈. 같은 블로그에서 소개한 시 「봄날」(김종연)에서 두 줄 퍼온다. "비오는 봄날/ 우산이란 우산은 모두 부러져 버린 봄날" 비 맞으며 은사까지 갔다 오는 동안 나의 시세계가 바뀔지도 모른다는 예감이 왔다. 어떻게? 나도 모르게, 나만 모르게. 잘 맞지 않는 나의 예감! 내 시의 환승지

점은 두고 볼 일. 시집 딱 열 권 만이라도 팔아보자는 속절없는 결심을 다시 하면서.

모월 모일

서른 몇 권 썼으면 다 쓴 거 아닌가. 꺼진 불도 다시 보는 심정으로 몸에서 덜 빠져나가고 꼬물거리는 시는 없는지 살펴본다. 끝내 쓰여지기를 거부하는 시도 보인다. 듬성듬성. 여기 저기.

"가서는 안 되었던 곳,/ 가고 싶었지만 끝내 들지 못했던 곳들,/ 말을 듣지 않는, 혼자 사는 애인 집 앞에서 서성이다/ 침침한 밤길을 돌아오던 날들처럼"(황지우,「신 벗고 들어가는 곳」)

나는 내 집을 지나치고
다른 집 앞에서 문을 두드리고 있다.
내가 누구냐고 물어주세요.

모월 모일

나는 매일 당신을 검색한다

고로 나는 존재할 수 있다

내가 검색하는 유일한 당신

당신은 검색되지 않는다

내가 없는 곳에 당신이 있고

당신이 없는 곳에 내가 있기 때문

더 정확한 주석은 나는 내가 아니고

당신은 당신이 아니기 때문일 것

모월 모일

장면은 최인훈 선생의 연구실. 정방형 연구실은 사방이 책이고 방 가운데도 이런저런 장식들이 있다. 최인훈 선생은 의자에 앉아서 책을 보고 있다. 지극하게 늙은 작가의 모습은 정신의 수위를 좀 낮춘 것으로 보이고 그러나 이웃집 아저씨처럼 소탈하고 편안해 보인다. 실제 작가의 아우라와는 그닥 비슷하지 않다. 작가의 대역이다. 내가 꾼 꿈의 장면이다. 내가 왜 그런 꿈을 생생하게 꾸었는지는 알 수 없는 일. 기억에 뚜렷한 것은 연구실 이곳저곳에 펼쳐진 채로 놓여 있는 책들이다. 읽고 있는 중인 책이라는 듯. 무슨 책인가 궁금했다. 그때 갑자기 비가 쏟아져 급히 내 방으로 돌아오니 창가에 펼쳐졌던 소설가의 『회색인』이 비에 푹 젖어 있었다. 꿈에서 깨어난 뒤 젖은 소설을 말리는 중이다.

모월 모일

  6월에는 '강릉작가와의 만남'이라는 행사를 뛰어야 한다. 연초에 연락을 받아두었던 일이다. '당신에겐 당신의 시가 있다'는 게 주최 측에 던진 가제목이다. 시민들 앞에서 무슨 말을 할 것인가. 아마도 내 말은 시시할 것이고 시시하므로 권위나 개폼은 없을 것이다. 우리가 여기 이렇게 앉아 있다는 사실 이상의 무엇은 없다고, 그 이상의 시는 없다고 떠들 것이 뻔하다. 사실 그 말밖에 할 말도 없다. 다시 말해서 '저 사람은 무슨 말을 할까'와 같은 기대 심리를 부수는 것이 내가 할 말이다. 예상되는 청중들의 연령대와 문학에 대한 그들의 고정점을 상상한다면 아마도 내 말은 '가까이 하기엔 너무 먼 당신'(이광조)이 될 것이다. 너무 연로한 시인을 불렀다고 주최 측에 항의할지도 모른다. 괜히 왔나봐, 이런 생각이 들게 만들어주는 게 내 강론의 요지. 왜냐하면, 내가 쓴 시가 그런 시니까. 왜냐하면, 그것도 시의 한 모습이니까. 행사가 끝나고 저자 사인회 같은 게 있다면(가정법에는 죄가 없으니) 내 시처럼 다정하게 말하고 싶다. '우리 이러지 맙시다, 고향사람끼리.'

모월 모일

　세상의 모든 시는 각자의 시다. 각자의 생각, 각자의 문법이 작동하는 쓰기다. 그러므로 서로 다른 생각을 쓴다. 이웃집 울 너머의 꽃을 보듯이 남의 시를 읽는다. 조화 같은 시가 있고 생화 같은 시가 있다. 거기에 공감하거나 공감하지 않는 것 역시 각자의 상(相)이다. 각자가 구축하고 각자가 숭배하는 관념의 고정점. '쓰기의 동맹'(송승언)은 각자 갈 데까지 가보는 것. 희망의 끝, 절망의 끝. 글쓰기의 끝. 그리고 각자의 위치에서 말하게 된다. 여기가 아닌가벼. 과녁은 그러나 빗맞을 때만 과녁이다. 없는 폼을 잡아본 문장이군. 각자가 도착한 그늘에서, 더 갈 곳 없이, 주저앉아 있을 때 중얼거리기 좋은 대사를 미리 생각해두자.

　꿈 깨기 전에는 꿈이 삶이고,
　삶 깨기 전에는 삶은 꿈이다."
　(이성복, 「그렇게 소중했던가」)

모월 모일

비라는 말에는 비가 들어 있고
천둥이라는 말에는 천둥이 들어 있다
새우깡에는 새우깡이 들어 있다
말속에 뭐가 들었는지 흔들어보는 버릇이 생겼다

모월 모일

메모장에 '속초'라고 쓰여 있다. 이유를 생각해봤는데 딱히 떠오르는 게 없다. "러셀에 따르면 명사는 실제로 무언가에 관한 묘사를 축약해놓은 기호다. 예를 들어 '도날드 트럼프'라는 명사는 '태닝한 피부에 특이한 금발 헤어스타일을 지닌 백인 대령'을 줄인 것"(토머스 캐스카트·대니얼 클라인, 『철학자와 오리너구리』, 206~207쪽)이란다. 말장난을 하고 싶지만 참는다. 철학이 눈뜨기 때문이다. 대통령 선거 예선전에 나선 후보자들이 열심히 가짜뉴스를 발표하고 있다. AI는 AI식으로 그대들의 어두운 서사를 요약하고 있다. 러셀에 기대면 속초는 내게 '고성 바다정원으로 가다가 회덮밥을 먹었던 곳'이 된다. 속초 옆에 다른 단어를 쓴다. 주문진, 삼척, 묵호, 군산, 통영, 안목. 여기까지만 써 본다. 작든 크든 저들은 모두 항구의 고정지시어다. 나는 말에 깃드는 정서에 속는다. 속고 싶은 것이다. 속지 않으면 남는 것이 없다. 내 시는 그런 기표들의 집합처다. 속초를 메모해둔 것도 거기서 무얼 찾고 싶었던 것. 무얼? 속초에 깃들지 않은 무엇을 찾고 싶었겠지. 누군가 속초라고 제목을 붙인 시집을 낸다면 얼른 읽어야겠다. 내가 메모한 속초의 무의식이 다른 사람에게는 어떻게 기표되는지도 궁금하다. 불암산 철쭉동산의 철쭉이 정점을 지나간다. 봄이 깊어간다는 말.

모월 모일

"애타도록 마음에 서둘지 말라/ 강물 위에 떨어진 불빛처럼/ 혁혁한 업적을 바라지 말라/ 개가 울고 종이 들리고 달이 떠도/ 너는 조금도 당황하지 말라/ 술에서 깨어난 무거운 몸이여/ 오오 봄이여" 술에서 깨어난 아침에 무거운 몸을 탓하며 읽으면 더 맛이 날지도 모르는 시다. 술을 마시지 않았는데도 몸은 무겁다. 혁혁한 업적을 바라는 것도 아닌데 그렇다. '혁혁한'은 죽은 말로 들린다. 혁혁은 욕망의 하수인들을 지배하는 말일 것. 저 시에서 쓰인 뜻과는 달리 나는 세상 모든 '혁혁한 업적'을 신용하지 않는다. 대한민국이라는 텍스트의 과장된 '대'자부터가 그렇다. 거기서부터 김수영 어법으로 후까시된 개인들의 막장을 문학은 충분히 담아내지 못하고 있다. 역사에 남지 않도록 유의해야 한다. 멀지 않은 미래에 외계인이 도래하면 그것은 무모한 일이 될 것이다. 그 무모함에 동조하지 말아야 한다. 김수영의 「봄밤」에 소동파의 「春夜」 한 줄을 겹쳐 읽는다. "봄밤의 한순간은 천금의 값어치가 있다(春宵一刻値千金)" 봄밤은 무슨 말을 해도 부족하다. 입 다물고 지나가자.

모월 모일

 연등이 걸린 사월을 걸었다. 오늘도 도보없자다. 아들의 주례를 섰던 친구와 서울역에서 만나 국수를 먹고 공중공원 서울로에 잠시 떠있다가 회현동까지 걸었다. 다시 을지로 입구로 나와 심심하게 청계천을 걸었다. 무념무취한 워킹 베이스로 흥인지문까지 걸었으니 나름 봄을 잘 걸었다. 그렇게 우리는 평생의 하루를 국수와 커피와 수표교 아래를 흘러가는 시간의 물살에 섞이면서 살았다. 다른 얘기는 목차에 없다. 문학이란 무엇인가. 농담처럼 말해두자. 시인들끼리도 시에 대해 서로 다른 말을 한다. 그것이 문학이고 문학의 관용이라고 쓴다.

모월 모일

 '행복한 삶의 기록에서 삭제된 부분'은 요나스 메카스의 영화. 그는 리투아니아 태생의 미국 영화감독, 시인, 예술가. 아방가르드 영화의 대부 또는 미국 독립영화의 아버지라고 불리며 실험적이고 개인적인 영화 제작 스타일로 알려진 사람. 전통적인 영화문법에서 벗어난 자신과 주변인들의 일상을 다룬 '일기영화'에 집중했다는. 빠르게 변하는 화면이 주된 편집 특징이었고 이런 편집 방식을 '흘끗 봄(glimps)'이라 표현했다. 나의 시가 참고해야 할 시선. '월든'(일기, 노트, 스케치), '앤디 워홀의 삶의 장면들', '우연히 나는 아름다움의 섬광을 보았다' 등의 영화가 그의 작품. 앤디 워홀과도 가까웠고 그의 영화 '엠파이어'를 촬영함. 이 영화는 8시간 동안 아무것도 없이 엠파이어 스테이트 빌딩의 모습만을 보여준다. 그의 영화는 보지 못하고 나는 단지 나의 일상을 아니 일상이라고 여기는 삶을 쓰고 있다. 길고 지루한 키보드멘터리.

모월 모일

손이 식기 전에 쓴다.

생각과 손가락과 키보드와 모니터의 동시성. 생각 지치기 전에 얼른 건너가기. 식은 손으로 쓰는 것도 나쁘지 않다. 한 김 나간 느낌으로. 늘 뜨거운 손은 의심스럽다.

모월 모일

 북촌 깊숙이 들어갔다가 안국선원 방향으로 나왔다. 북촌을 휘적거리며 오래된 마음의 골목을 돌아다녔다. 그 사이 거리에는 땅거미가 내리고 있다. 재동초등학교 담벼락에는 이 학교를 빛낸 사람들의 명단이 붙어 있다. 소설가 김유정, 유진오, 가야금 명인 황병기, 평론가 백낙청. 김유정만 눈에 넣고 지나간다. 헝클어진 머리로 책상 앞에 앉아 김유정의 소설을 가지고 박사논문을 쓰던 시절이 내게도 있었군. 필운동에서 태어난 김영태도 어쩌면 재동 졸업생이 아닐까 하는 잡념을 끄면서 안국동으로 나왔다. 김민기, 양희은, 전인권, 서태지도 재동 졸업생이라고? 종로 3가 골목에 들어가 저녁을 먹었다. 2층에서 내다본 창밖의 밤풍경이 웬만히 폼잡는 카페보다 충만한 밤풍경을 창조한다. 돼지뼈가 들어간 해장국. 막걸리 한 잔. 이런 날도 있군. 잔 잡아 권할 사람은 없어도 북촌을 산책한 근육이 고마운 봄저녁. 시는 식탁에 남겨놓은 돼지뼈에게 맡기면서 금년의 4월을 마감한다. 잘 가라, 사월. 오늘 밤은 풀잎처럼 잠들어야겠군.

모월 모일

 지루한 시들이 많아졌다.
 그 시가 그 시 같다면 오번가. 그래, 이런 게 시지. 이렇게 말할 수 있는 독서가 내 앞에 없다. 어딘가서 오고 있겠지. 아니다, 내 눈을 바꿔야겠지. 당신이나 잘하세요. 그런 소리마저 지루한 문체로 들려온다. 큰일났군. 오늘도 그저 그런 시를 쓴다. 무반성으로 쓴다. 삶이 그저 그러니 그저 그런 시만 찾아온다. 박제가 되어 버린 둔재를 아시오? 당신이라면 다음 문장을 어떻게 이어가겠는가.

모월 모일

소월 우파 서정주, 소월 좌파 신동엽, 이상 우파 김춘수, 이상 좌파 김수영. 김인환 고려대 명예교수의 『새 한국문학사』 목차에서 읽는다. 소월시의 문학적 유산을 어떤 방향으로 계승하는가의 강조점에 따른 분류다. 오월 첫날. 새 잎들이 불암산 암벽을 덮어간다. 오월의 좌파인 양 혹은 우파인 양 살아보자. 늦봄에 한 발을 내딛는다.

모월 모일

강문에서 경포까지 걸었다.

짧은 거리를 평생처럼 걸으며 파도소리를 발끝에 담았다. 오리바위와 십리바위의 거리를 가늠하며 지나간다. 평일의 바다는 한가롭다 못해 적막하다. 바다는 천천히 제철을 맞이할 것이다. 철 이른 바다는 철 지난 바다와 다를 게 없다.

경포도 많이 변했다. 그냥 변했다. '많이'라는 말을 지운다. 끊임없이 달라지는 세상을 지나간다. 지나가면 된다. 지나가자. 어서 지나가자. 방금 생머리를 흔들며 지나가는 젊디젊은 대학생 차림의 여자처럼 지나가면 된다. 돌아보지 말자. 돌아볼 시간에 앞으로, 앞으로! 생각난다. 이 해변은 내가 아끼는 해안이다. 아스라한 곡선의 향연이다. 이곳 출신 시인이자 시나리오 작가 신봉승이 송병수의 단편 「권태로운 여름」을 영화로 찍은 배경이다. 〈해변의 정사〉가 그것. 유부녀의 외도를 다룬 영화. 윤정희가 과감한 노출을 불사했다고 한다. 1970년에 과감하게 찍었다는 영화. 1970년의 과감성이 궁금하군. 다음 날이면 아무것도 아닌 것이 되어 버리는 과감성. 신봉승의 좌파성 예술. 모든 예술의 좌파성은 타자를 넘어서는 것. 그게 아닌 예술은 예선 탈락이다. 너무 과감한 발언이군. 눈치가 보이지만 설마 여기까지 읽을 다정한 분들이 있을 리가 없으니 더 나가자. 나도 모르게 휘파람을 분다. "철지난 바닷가를 혼자 걷는다/ 옛일을 생각하며 혼자 웃는다"(송창식, '철지난 바닷가') 나는 아직도 초당과 강문 바닷가를 어슬렁거리는 스무 살의 낭인 청년. 주제를 모르고 길렀던 장발과 통기타와 청바지와 이장희의 콧수염. 김승옥, 이청준, 서정인, 박태순에 이어지는 조선작, 최인호, 한수산, 박범신, 이외수 류의 소설들. 이런 기표들이 나의 벽이자 나의 문이었다. 오늘 따라 너무 사실에 충실하고 있다. 이 정도에서 한번 웃고 넘어가자. 이 문장 끝에 비가 온다. 늦은 봄비. 나가봐야 하는 거 아닌가.

모월 모일

  (속보) 비가 온다. 기념으로 몇 줄 더 쓴다. 손가락과 키보드의 협업이 주는 서비스다. 창문에 맺혔던 빗방울이 무게를 견디지 못하고 흘러내린다. 저 시각적 느낌을 선 몇 개로 죽죽 그어놓으면 그림이 된다. 언어는 이 풍경을 미처 옮겨 적지 못한다. 단지 번역할 뿐인데 번역은 원본은 아니다. 시도 번역이다. 사물을, 감정을, 한순간의 순간을 언어로 번역한다. 때로 원본 없는 번역도 많다. 추상이 구체를 타격하는 순간이다. 나는 여전히 말하겠다. 잘 쓴 시는 무엇인가. 다시 말하겠다. 그런 것은 세상에 없다. 잘 썼다는 평균과 착각을 넘어서야 한다. 누군가 좋은 시에 대해 말한다면 좋은 시를 읽을 것이 아니라 그렇게 말하는 스피커를 봐야 한다. 당신은 무슨 근거로 그런 말을 하고 있는가. 나의 의심은 여기에 놓인다. 말들을 조립하고 행갈이와 연갈이를 하고 마치 시인인 듯이 말할 때 그 자리에 시는 없을 것이다. 그런 것이 시라면 말이다. 무엇보다 마이크를 붙잡고 자신의 시론 같은 걸 진중하게 얘기하는 걸 경청할 때면 '시는 저런 것인가' 하

는 의구심이 물결친다. 시는 시다. 노자의 말을 흉내내자면 시를 시라고 말하는 순간에 시는 시에서 멀어진다. 우리는 시를 읽는다기보다 시 비슷한 것을 읽는다. 비오는 날이라 생각이 빗방울처럼 번져간다. 그만 쓰자.

모월 모일

하루가 갔다, 지나갔다
실로 좋은 하루였다
약속이 없는 날
아무도 기다리지 않는 날
읽지도 쓰지도 않는 날
무사 무위 무모한 하루
내가 껴안고 뒹구는 하루다
천상천하유아독존의 하루
맹물 같은 하루
맹물 같은 나

모월 모일

"사람들이 원하는 옷을 만들어서 파는 게 아니라 전에 없던 옷을 만들어 낸 다음에 그걸 유행의 자리에 앉히고 새로 사게끔 해서 돌아가는 것이 패션업계의 유구한 전통"(김다연

외, 『있지 않은 책에 대해 말하는 법』, 134쪽)이라는 말이 우리의 문학계에 반사된다. 서로 표절하지 말자. 팔리는 게 다가 아니듯이 안 팔리는 것도 다는 아니다. 검색에 속지 말자. 검색에 끌려나오면서 당신은 거기까지다. 좌판에 전시된 물건이 된다. 나는 언제나 검색되지 않는 당신과 당신의 시를 검색한다. 이것을 내 시론의 첫줄이라고 하면 안 되나.

모월 모일

시에 개기면서 살면 시에 엮이게 된다. 윤후명 시집 『강릉길, 어디인가』(문학나무)를 메모한다. 어제는 숙모의 부고를 접한다. 또, KTX 타고 강릉 간다. 아버지가 누워있던, 소설가 김동인의 이름 같은, 강릉 동인병원. 내 뜻과 상관없이 나의 비린 청춘이 묻어 있는 마종기의 「연가 9」가 흘러간다. 나도 모르게 내 몸의 어떤 스위치가 눌려진 것. "전송하면서/ 살고 있네. // 죽은 친구는 조용히 찾아와/ 봄날의 물 속에서/ 귓속말로 속살거리지,/ 죽고 사는 것은 물소리 같다."고. 물소리의 끝을 따라서 더 가 본다. "그럴까, 봄날도 벌써 어둡고/ 그 친구들 허전한 웃음 끝을/ 몰래 배우네." 시간이 되면 솔올미술관에서 김환기 전시회를 보려고 한다. 시간이 안 되기를 바라는 마음이 나의 무의식이다. 시간이 없어서, 시간이 없어서. 시간이 남아서 쓴 내 시들의 웃픈소리 들린다. 물소리 뒤끝의 적막 같은 내 시들. 시들시들하여라.

모월 모일

　무릉에 몇 번 간 적 있다
　다시 꼽아보니 몇 번보다 더 여러 번 갔다
　그때마다 무릉을 지나갔을 텐데
　오규원이 「武陵」에다 쓴 검문소는 보지 못했다

　武陵에는 네거리에 사람이 없는 검문소가 하나 있다
　안과 밖으로 검문은 스스로 행해야 한다
　오른쪽은 절과 심산으로 가는 길이다
　왼쪽은 강으로 이어진 길이며
　앞은 논밭과 약초를 기르는 사람들의 길이다
　우리가 무릉으로 들어온
　뒤는 酒泉을 건너는 다리이다

　무릉을 지나 시인이 요양하던 처소까지 갔지만
　사람 없는 검문소를 지나온 기억은 없다
　시처럼 흘러가던 강물을 바라보았을 뿐
　낚시하는 오규원의 자취를 본 것도 아니다
　중요한 얘기는 아니지만 어떤 날은
　이런 게 중요해서 오락가락 한다

모월 모일

　5월 연휴인지라 겨우 ktx 표를 구하고 강릉 간다. 숙모님 열반. 세수 83세가 온통 법랍이다. 그 세대가 대체로 그렇다. 무덤 같은 본가 2층의 빈집에서 육신을 쉬고 공원묘지로 간다. 이팝 핀 강릉거리의 어색한 고층아파트가 나를 관망한다. 나도 이 장소가 어색하다. 1960년대 촌놈들은 소설을 썼다지만 나는 시나 주물럭거리는 촌놈이다. 촌놈의 때가 벗겨지지 않는다. 알겠니? 이런 구식 마음. 아침바다 갈매기가 내 생의 주변을 날아오른다. 이럴 때는 내가 꼭 시인 같다. 삶이 헷갈릴 때마다 피아노 건반을 두드리듯 컴퓨터 한글 자판을 두드리는 인류. Ktx에서 읽으려고 백팩에 책을 넣었지만 꺼내지도 않았다. 저자에게 미안하다. 공공장소에서 종이책을 읽는 척 하는 일도 구식 모드다. 텍스트힙도 있다지만 그건 나와 무관한 흐름. 강릉집 서재방에서 이태준의 『무서록』을 가방에 넣었다. 범우사 문고판이다. 寫蘭有法不可 無法亦不可. 있는 법과 없는 법 사이의 샛길 찾기. 청솔공원묘지로 가면서 국도를 버리고 일부러 사근진을 지나간다. 파도 한 조각, 삶의 한 조각, 문학 한 조각, 구름 한 조각, 철학 한 조각, 거품 한 조각, 속울음 한 조각. 강릉의 늦봄 한 조각을 손에 쥐고 간다. 그런 하루다.

모월 모일

산책이라는 번역어 같은 걸음을 찾지 못하고
어색한 보폭으로 골목길을 걷는다
삶이 온통 그러하다고 으쓱해보지만
어깨가 말을 듣지 않는다
바람이 불어온다
바람이 공짜로 걸음을 띄워주기에
그제서야 박자가 맞아준다
시는 말을 조립하는 수작업
정신에 바람구멍을 내는 일이다
북촌에 들어갔다가 길을 잃었던 저녁처럼
나는 말 속을 헤집고 다닌다
이것이 지금 나의 잔업이다
시가 그렇듯 번역어 같은 산책도 그렇다

모월 모일

▷지금 작성하고 있는 일기 형태의 글에 대해 설명해주겠는가. ◁설명이라는 말이 이 순간 걸리는군. 설명은 사실 아무것도 설명하지 못한다. 늘 말하지만 설명처럼 지저분한 건 없다. ▷설명 대신 그러면 변명이면 어떤가. ◁그게 좋겠다. 그거라면 핵심을 비켜갈 수 있는 핑계가 되겠다. 일기라고

했지만 일지도 되고 메모도 된다. 조각 산문이라고 해도 상관없다. 그날그날의 일기(日氣)처럼 휘갈겨 본 것뿐이다. 일수 찍듯. ▷인쇄를 염두에 둔 것인가. ◁그렇지는 않다. 오히려 복사를 생각한 것이다. ▷그렇게 물러선 이유는 짐작이 간다. 권태로움인가. 그래도 설명해주겠는가. ◁또, 설명인가? ▷고치겠다. 변명해주겠는가. ◁그런 일련의 시스템에 가담하는 일이 시들해졌다. 종이에 활자를 찍고 디자인을 하는 등속의 일이 뻔해졌다는 게 나의 근황이다. 인쇄 전단계까지의 공정은 자기 몰입의 과정이다. 몰입은 거기까지다. 이후의 일은 나와는 무관한 흐름이다. 흐름? 내가 말하고도 괜찮은 규정이군. ▷흘러간다는 말인가 ◁거의 떠내려간다는 뜻이겠다. ▷당신의 발상으로는 충분히 이해가 가는 말이다. 시인이 시집을 내면 대개 해당 책에서 골몰한 지점을 질문한다. 시집은 아니지만 이 글의 방향에 대해 설명해주겠는가. ◁또, 설명인가? 그대는 설명에 갇혔군. 각성하시게. 우정적으로 말하건대 제발 설명의 세계에서 도망치게. 자칫하면 설명에 끌려다니다 생을 마칠 수 있다네. 그리고 말이 났으니 말이지만 글에 무슨 방향이 있겠는가. 특히 내 글, 특히 내가 쓰고 있는 일기 형태의 글에는 그런 것은 없다네. 그것이 내가 작성하는 이 글의 방향이자 방황이라네. 미안. 나도 모르게 방향이라는 말을 쓰고 말았네. 삭제해주겠나? ▷삭제는 되지만 아주 지울 수는 없다. ◁고맙다.

▷시 비슷한 글도 있고 쓰다 만 듯한 문장도 보인다. ◁그대의 말은 내가 수정할 게 없다. 옳다면 옳고 옳은 것 같다면 옳은 것 같다. ▷말작란인가? ◁그 말이 좋군. 작란(作亂)과 착란, 환영. 우린 그 속에서 꿈틀거린다. 안 그런가? 대답이 없군. 옳다고 생각하는 착각을 나는 살아가고 있다. 어떤 근사치 속에 놓여 있다는 거지. 내 글쓰기가 그렇다는 말씀. 서동욱 시인의 에세이『생활의 사상』181쪽 중간에서 읽은 구절을 입으로 인용한다. "시인이란 세계가 개념 또는 술어 논리적 기술(記述) 안에 다 들어오지 않는다는 것을 발견한 자, 개념의 가로등이 비추지 못한 위험한 땅을 손전등만한 한마디의 시어로 덧없이 비추어 보는 자"이다. ▷본인의 시를 포함한 글쓰기에 자부심이 느껴진다. 그런가? ◁그렇다. 자부심 없이 어떻게 글을 쓰겠는가. 특히 시를. 그러나 그 자부심에 심하게 종사한다면 우스개가 되기 쉽다. 폐휴지를 줍는 노인들보다 밑이 되는 순간이다. ▷쉽게 말하자. ◁그러니까 시인이란 존재는 오늘날 택배기사와 배관공과 다를 게 1도 없다는 말을 강조하는 것이다. 다시 말해 시를 쓰는 나의 자부심은 내 책상 위 전등처럼 고작 내 앞만 잠시 비춰준다. 그 이상은 허욕이자 희극이다. ▷심하게 들린다. 자기 생

각을 일반화시키는 허욕 아닌가. ◁그렇게 들렸다면 그게 맞다. 나는 공인이 아니다. 나는 온전한 사인(私人)이자 엄연한 개아(個我)다. 내 글쓰기의 허욕은 아니 허욕의 글쓰기는 사적인 기반이 전부다. 사인의식 뿐이다. ▷당신의 설명이 충분히 이해된다. ◁그놈의 저주받을 설명 ▷삶을 픽션으로 보려는 게 당신 문학의 한 특징이다. 그런 의식도 작란과 연결되는가 ◁천상병 어법으로는 '그렇다, 그렇다.' ▷허구와 현실 사이에 걸쳐 있는 게 당신의 시라고 본다. 동의하는가. ◁내 체중이 거기 있는 건 맞다. 나와 유사한 생각을 가진 동지들은 보지 못했다. 뭐, 특별한 건 아니겠지만. 내가 쓴 산문소설 『페루에 가실래요?』를 살펴보면 지금 내가 떠드는 말을 막바로 이해할 수 있을 것이다. 괜찮은 소설인데 사람들이 몰라 보니 아쉽지만 아쉬움이 아쉬울 뿐이다. ▷독자를 탓하는가 ◁독자가 시인을 탓해야 맞다. 나는 누구도 탓하지 않는다. 독자는 각자의 삶을 각자의 작법으로 쓰고 있을 뿐이다. 나는 아무것도 바라지 않는다. 그게 나의 소소한 신념이다. ▷최근 시집이 『하루의 기분과 명랑을 위해』다. 서른 편 안팎의 시와 시인의 몽유록이 실려 있다. 관행을 벗어난 비상식적 시집이다. 그렇게 편집한 이유는 뭔가. ◁비평적 개념과 관성에 집착하시는군. 관성을 격파하고 싶은 시들이 관성으로 편집된 시집틀 속에 갇혀 있다는 관성에 대한 반발. ▷시집 뒤에 붙은 '몽유록'의 확장과 변주가 이번 일기다. 거의 반복으로 보인다. ◁반복의 지속성. ▷독자는 신물이 날 것이다. ◁나도 신물이 난다. 시인은 자신의 신물을 마시는 존재가 아닌가? ▷당신은 문학물을 많이 빼야겠다. 할 수 있다면 완전히. 문학에 미쳐 현실을 보지 못한다면? ◁불행이지. 문학으로 골병이 든, 불쌍한 병도 있다.

▷묻는다는 생각 없이 가볍게, 요즘 읽은 시집에 대해 묻는다. ◁최근에 읽은 시집은 생각나지 않는다. 최근의 의미를 넓게 잡아주길 바란다. 읽기는 했지만 기억나지 않는다. 독서 치매다. 무엇보다 73세가 읽어야 할 시집이 어떤 것인지 감이 오지 않는다. 내 세대는 대개 간판을 내렸거나 문학에서 철수했고 간혹 셔터 내리고 잔업 중인 시인도 있다고 듣는다. 초과 근무. 시간 외 근무. 잔업이라는 말 오지 않는가? ▷당신은 시에 대한 냉소적 태도를 아끼고 있다. ◁후장사실주의, 월급사실주의가 있다. 냉소주의 같은 건 없는가? 낙관은 냉소만큼 어이없는 태도라는 게 내 입장이다. 대한민국처럼 간판이 민주주의라고 민주주의는 아니지 않은가? ▷냉소주의의 막장은 문학의 허무주의가 아니겠는가. ◁견적이 큰 얘기는 하지 말자. 단지 문학이 인류의 무엇을 밝힌다는 식의 고리타분한 얘기는 너무 앤틱하다. 아시겠지만 시

는 쓰는 자의 한순간도 밝히기 급급할 뿐이다. 바야흐로 지금은 문자 조립공의 시대. ▷흥미로운 말이다. 당신도 그런가? ◁내가 그러하니 남도 그런가 여긴다. 안 그런 시인도 많을 것이다. ▷다음 시집 계획은 ◁다음 시집이 먼저일지 극락이 먼저일지는 나도 모른다. 이 책을 어떤 출판사가 박아줄런지가 아니라 내가 또 책을 인쇄해야 하는가라는 문제에 시달리고 있다. 내 앞에 놓인 중상이다. 장담은 못하지만 다음 시집은 이 책 앞에 놓였으면 좋겠고, isbn 없는 책이 되길 바란다. 검색되지 않는 책. 검색에 저항하는 책. ▷무슨 뜻인가 ◁공식적으로는 출판되지 않고 내 컴퓨터 하드에만 저장할 생각이다. ▷훗날을 기약하는가. 가령 사후 출판 같은. ◁나는 카프카가 아니다. 출판하기에는 내 시가 아깝다는 생각이 왔다. 그런 시집 하나쯤 가지고 싶었다. 시집의 가제목은 『당신은 내가 무슨 시를 쓰면 좋겠소』 정도를 염두에 두고 있다. 시집이 궁금한 사람에게는 시집 파일을 보내 줄 생각은 있다. ▷앞으로 당신의 시는 달라질 것 같지 않은가. ◁늘 다른 시를 쓰고 있다고 생각한다. 내 시의 알고리즘. 내가 쓴 시지만 나는 그 시 속으로 다시 들어갈 수 없다. 이것이 내가 느끼는 시 작성의 희비극이다. ▷(남은 말은 다음에 이어질 수 있음)

모월 모일

 늦봄의 남산길. 며칠 전에 본 산벚꽃은 그새 흔적도 없다. 한옥마을로 내려오는 길에 만난 때죽나무와 아카시아가 꽃을 시작하고 있다. 도보엽자답게 이리저리 걷다가 적당한 지점에서 한옥마을 방향으로 내려온다. 내가 신세졌던 대한극장은 더는 대한극장이 아니다. 저 극장에서 장률의 〈후쿠오카〉를 보고 한옥마을에서 마음을 식히던 날이 기억난다. 어쩔 수 없는 건 역시 어쩔 수 없다. 내 시는 어쩔 수 없음에 손을 대보는 수작업이다. 인연도 시절 따라 간다. 가로등에 불이 들어왔다. 이팝과 연등이 어우러진 충무로. 부처님이 아직 서울에 남아 있다는 풍문이다. 여러 부처들이 전철역으로 들어가신다. 남산길 어딘가 어두운 곳에 나를 떨궈두고 온다. 데리러 올 날 있을까. 하마구치 류스케의 〈친밀함〉(2012)과 홍상수의 〈그 자연이 네게 뭐라고 하니〉가 이 달에 상영된다. 하마구치의 영화는 상영시간 255분이다. 그걸 완독할 수 있을 것인가. 저 영화가 영사될 만한 사고의 여백이 내게 남아 있을 것인가. 그런 상념을 접으며 전철로 들어가는 에스컬레이터에 오른다.

모월 모일

"그리하여 나는 청춘의 불을 꺼 준 시간의 단비에 대해서 감사할 것이다 살아야 할 시간이 더 남지 않아서 고마울 것이다 처녀에게 애를 배게 하던 못된 비바람이 더 이상 내 성기 속에 살고 있지 않아서 이젠 편안할 것이다…" 서동욱의 시 「비광 또는 이하의 마지막 날들」의 끝자락이다. 이하(李賀)는 27세로 요절한 당나라 시인. 도서관을 나서는데 미처 여물지 않은 빗방울이 제 무게를 감당하지 못하고 이마에 툭 떨어진다. 비는 오늘을 적시는 게 아니라 어제를 적시거나 오지 않은 내일을 적신다. 도중에 커피 생각이 났지만 참으면서 집까지 온다. 이렇게 쓰면 내가 커피광인 줄 알겠지만 그렇지가 않다. 커피는 그저 내 의식의 손잡이 같은 물질이다. 말하자면 심심하거나 궁하면 돌아가는 말이다. 도서관에서는 십여 분 앉았다가 빈손으로 나선다. 손에는 빗방울 하나 들려 있다. 손에서 찔레꽃 향이 올라오는 날이다. 윤후명 선생의 부음을 다시 듣는다. 소설 몇 편 두고 갑니다, 그러는 듯. 계간지 편집실에 근무할 때 선생에게 소설 독촉 전화를 했더니 돌아온 대답. "제가 어제 술을 너무 처먹어가지고요."

모월 모일

"세상에는 두 종류의 사람만 있다. 기호학을 이해하는 사람과 그렇지 않은 사람" 움베르토 에코다. '세상에는 두 종류의 사람만 있다. 내 시를 읽는 사람과 내 시를 읽지 않는 사람.' 좀 이상하지만 뭐 어떤가. 노원롯데백화점 건너편 더숲 아트시네마에서 본 영화 〈움베르토 에코 세계의 도서관〉. 5만권 이상의 책으로 가득한, 을지로 뒷골목보다 복잡해 보이는 서재에서 어리버리하지 않고 자신이 찾던 책 한 권을 뽑아들던 기호학자의 모습. 그 장면이 내게는 에코의 요점이다.

모월 모일

시 없이도 잘 사는 훈련이 필요하다. 그것만이 시를 넘어서는 길.

모월 모일

"열여섯부터 예순 아홉까지 여성 노동자 아니면 여성 해고 노동자로 살아온 그녀는 말했다 일생 함께 울어준 것도 웃어 준 것도 고통인데 이제는 피붙이 같다고 했다 언젠가 그날이 오면 (여성)은 두고 가도 고통만은 함께 가 줬으면 좋겠다고 했다" 안현미. 「고척동 고모」. (오래 전) 봉평에서 안 시인을 만난 적 있다. 이효석 관련 무슨 행사자리였는데 미처 알아보지 못해 미안했던 기억이 영 남아 있다. 그래서는 아니겠지만 내게는 시집을 보내주지 않는다. 보내줘도 상관없었을 텐데. 관계 유통의 한계인가. 시집을 보내고 싶은데 이번엔 또 그의 연락처가 없다. 늘 이렇다. 지나가자. 가성비 낮은 시집을 보내놓고 후회하는 것보다야 낫다. 안 그렇소, 안 시인.

모월 모일

 분리수거 하는 날 들고 나갔다가 다시 들고 온다. 에드워드 호퍼와 장욱진의 전시 팸플릿. 아직은 저것들이 내 손을 떠나기 싫은 모양이라고 생각해두자. 언젠가는 또 분리 대상으로 선정되겠지만 그때는 그때. 수거장에 서서 본 에드워드 호퍼가 서울시립미술관에서 본 것보다 더 선명했다니. 장욱진: 그림은 그려지는 것이 아니라 툭툭 튀어나온다. 마음속으로부터. 그러기 위해서는….

모월 모일

 "작가라는 직업만큼 자기훈련에 나약해지는 부류는 없을 겁니다. (그렇지 않은 작가도 있을 것임) 문학은 매우 보편적이어서 장벽도 없고, 자격증도 필요 없습니다. (신춘문예의 존재 이유) 음악과 미술처럼 소질에 덧붙여 이를 개발하고 만개시키는 일련의 교육과정이 수반되지 않습니다. 문학은 누구든지 할 수 있는 예술장르입니다. (그렇습니다.) 수십 년 책을 읽고 문학 언저리에서 재능을 갈고 닦은 사람이 글을 써서 책을 내고 작가가 되듯(속성과정도 잘 개발되어 있음), 수십 년간 시장에서 좌판을 깔고 채소를 팔던 장사꾼이 오늘 당장 글을 써서 책을 내면 작가가 됩니다." P. G. 해머튼의 『지적 생활의 즐거움』 83쪽이다. 괄호 안은 내 말. 새로운 얘기는 아니지만 저 문장 뒤에 이어지는 내용 때문에 인용했다. 누구든지 글을 쓸 수 있지만 문학적 가치를 얻기 위해서는 기술적인 완성도가 필요하다는 것. 이 완성도는 오직 훈련을 통해 이룩되는 성과라는 것. "아쉽게도 그 차이를 명확히 이해하고 있는 사람은 소수입니다. 자신에게 재능이 결여되어 있음을 꿰뚫어보는 사람도 거의 없습니다." 요 문장 때문에 길게 키보드를 두드렸다. 다시 말해 '재능의 결여'라는 문장은 여러 경로를 우회하여 나의 문제로 환원된다. 어젯밤 꿈자리가 뒤숭숭했던 이유이기도 하다. 어딘가에 전화해 등단을 취소하고 재등단해야겠다고 통보하던 꿈이다. 내 시는 한국시의 표본오차 바깥에 있구나. 제정신으로 돌아가야 한다. '재능의 결여'는 애달픈 문제다.

모월 모일

 동지들은 간 데 없고 책상 모서리에서 시들고 있는 문장처럼 혼자 찌그러지는 게 옳다. 작별할 이유가 없는 거리의 인파와 작별한다. 꽃을 지운 벚나무 잎사귀 위에서 양력 5월이 바람결에 곁을 준다. 그 옆에 한 단락으로 피어난 찔레가 자기 향기에 놀라는 모습. 나는 시를 통해 현실을 본다. 현실을 현실로 막바로 보지 못한다. 문필인의 불행한 모습이다. 글쓰기에 열패감을 느끼는 순간이다. 영혼은 사물이다. 내가 쓰고 내가 밑줄. 오늘도 주말에 비가 내린다. 늦봄비이면서 초여름비가 된다. 아카시아가 꽃을 시작했다. 우산 없이 비를 좀 맞아야겠다.

모월 모일

 어쩌면 나는 미국이 좋다. 제국주의자냐고? 그런 건 딴 데 가서 알아보시라. 단 한 가지 저들에겐 황송한 역사가 없다. 더러운 황궁의 역사가 없다. (아주 없는 건 아니겠지만) 말하자면 청와대는 더러운 황궁인데 그곳을 그리워하는 민중들. 그곳을 밀어버리고 공원을 만들자고 하면 쌍수 들고 반격하는 보수뿐인 민중들이 사는 나라. 오로지 그곳에 들어가 살고 싶어 안달이 난 인간들이 있는 한 이 나라는 언제나 더러운 역사를 겪게 될 것이다. 저런들 어떠하리.

모월 모일

 "기쿠치는 내게 '나는 연단에 있는 강연대까지 걸어가는 동안 오늘의 강연이 잘 될지를 간파한다고' 말한 적이 있습니다. 청중은 그가 연단 쪽으로 걸어가는 모습을 보면서 웃습니다. 물론 우스꽝스러워서 웃는 게 아닙니다. 어딘지 모르게 그 모습이 유머러스하기 때문에 웃는 것입니다. 그런데 기쿠치의 모습이 유머러스하다고 느끼기 위해서는 이미 기쿠치의 작품을 읽고 이 작가에게 친근감을 갖고 있어야만 합니다. 말하자면 이런 경우, 청중은 자기도 모르게 자신들의 교양 수준을 웃음소리로 표현합니다. 따라서 강연자는 강연의 성공 여부의 바로미터를 강연대까지 걸어가는 동안 부여받는 것입니다. 청중이 아무런 반응을 보이지 않는다면, 강연대에 이르는 사이에 주제를 바꿔버리기도 한다고 말한 적도 있습니다." "다쓰노 유타카 박사는 꽤 강연이 노련한 편인데, 여기저기서 강연 의뢰를 너무 많이 받다 보니 소재가 다 떨어져서 하는 수 없이 어딘가에서 예전에 했던 강연을 주제만 살짝 바꾼 채 되풀이했다고 합니다. 그랬더니 당신은 사기꾼이라는 엽서가 왔다는 겁니다." 일본 문예비평가 고바야시 히데오의 『비평가의 책읽기』 '말하기와 글쓰기'라는 페이지다. 읽으면서 웃었고 웃으면서 읽었다. 남의 글을 읽다가 하품하는 시간이 아마도 나의 시간일 것이다.

모월 모일

  나는 가회동을 좋아하는구나. 가회동에 대해 아는 게 있는 건 아니다. 아는 게 없다. 그런데도 가회동을 좋아한다. 가회동은 기억 속의 기호다. 20대의 어느 시절에 '세대'라는 잡지에서 최연홍 시인의 시를 읽었다. 아마 그의 시에 들어 있던 가회동이 나에게 왔을 것. 최연홍 시인은 그때 미국에 체류 중이었다. 이런 기억은 사실과 부합하지 않을 수 있다. 그렇다고 해도 그 기억을 수정할 이유가 없다. 기억은 그런 것. 멀쩡한 사실도 제멋대로 수정하고 편집한다. 그것이 기억의 메카니즘. 거기에 끼어들어 바로잡을 생각이 없다. 바로잡다니, 무엇을. 기억은 기억 나름의 질서가 있을 것. 기억은 항상 부사어 '더'를 동반한다. 더 아름답게, 더 슬프게, 더 아프게. 더 어이없게. 기억이라는 게 조금씩 어긋나지만 그 부정확성을 아낀다. 그것이 기억의 힘이라고 믿는다. 훌쩍 가회동에 갈 수 있지만 그 거리는 기억에 등록된 가회동은 아니다. 그래도 여전히 가회동을 좋아할 것이다. 현실에서 잘려 나간 채로 살아있는 여분의 어떤 부분. 기억이란 그런 것. 수정되지 않고 날마다 업그레이드 되는 기억의 힘.

모월 모일

 이 나이 먹도록 세상을 잘 모르나 보다. 세상을 잘 안다는 착각을 사랑할 일은 아니다. 착각이 시를 쓰게 만들고 소설을 읽게 만든다. 키보드와 나 사이에 시가 있고 철학이 있다. 부처님 오셨다가 가신 지 일주일이 지나갔다. 커피를 마시면서 고장 난 탐진치를 다독여야겠다.

모월 모일

 대충 7~8년 쯤 지난 세월이다. 안국역 부근에서 해장국을 자주 먹었다. 북촌을 돌고 나오는 길이었다. 어떤 이는 말할 수 있다. 저 친구는 해장국을 좋아한다고. 그건 오해다. 우연히 들르게 된 식당에서 먹었을 뿐이고 자주 먹은 건 가성비 때문이다. 그러니 나의 기호식을 해장국으로 제한한다면 그건 우스운 노릇이다. 대개의 세상적 이해가 그렇기는 할 것이지만. 내가 탐하는 음식은 민물고기 매운탕이다. 그것도 어린 시절 도랑에서 잡아온 미꾸라지나 버들치 같은 물고기들로 끓인 매운탕을 좋아한다. 아주 라는 부사어를 보태야 한다. 강릉 부근의 메뉴로는 꾹저구탕이다. 망둑어과라는데 자세한 건 생략. 영동지방 토속식품이지만 지금은 이름뿐이다. 도랑을 막고 또래들과 꾹저구를 주어오던 기억은 있다. 거듭 말하지만 나는 해장국 마니아는 아니다. 그때그때

가성비와 환경에 순응할 뿐이다. 이것도 나의 '위장된 순응주의'다. 언젠가 누군가 나를 두고 평하기를 '진국'이라고 했다. 손사래를 치면서 부정할 자리도 아니어서 나는 그 자리에서 진국이 되고 말았다. 집에 와서도 혼자 웃는다. 진국은 진한 국물이다. 나는 진하지 않다. 설끓은 국물이다. 겉과 속이 같고 믿을만 하다는 의미의 위인이 아니라는 말씀. 내가 어떻게 그런 위인이겠는가. 아는 사람은 알 것이다. 나는 끓다만 국물 같은 위인이다. 나의 긍정은 긍정이 아니고 나의 부정은 부정이 아니다. 내 시를 자세히 읽어본 독자라면 지금 내가 떠들고 있는 문장의 진의를 납득할 것이다. 나의 생산지가 강원도이고 촌놈이라는 것을 염두에 둔다면 그런 오해도 가능할 수 있겠다. 마치 충청도 양반, 경상도 사나이 같은 관용어구에 붙잡히는 의식과 다를 게 없다. 해장국 얘기를 하려고 여기까지 쓴 것은 아니다. 또 내 성격의 위장성을 해명하려는 것도 아니다. 나를 진국형 인간으로 분류하고 싶다면 그것도 나쁘지 않다. 더러는 나도 진국일 때가 있으니까. 어느 저녁 역시 그 집에서 해장국을 먹고 있는데 말쑥한 중년 남자가 들어왔다. 어디서 얼굴이 익은 듯 하여 자리에서 일어나 악수를 청해야 하는가를 가늠하는 짧은 순간에 지인은 아니라는 감이 왔다. 그가 자리에 앉고 그도 해장국을 주문했다. 흘끔거리며 그를 관찰했다. 신기하다. 이런 데서 저 사람을 보게 되다니. 그는 휴대폰을 열어놓고 보면서 해장국을 먹었다. 해장국 한 입, 휴대폰 한 입. 그는 정신분석학자 백상현 박사였다. 나는 그의 책을 다 읽었고, 그의 유튜브 채널 구독자다. 그에게서 라캉이 아니라 그를 경유한 라캉을 듣게 되었고, 비스듬하게 내 글쓰기에 영감을 받았다. 그가 글쓰기에 대해 말할 때는 오로지 경청했다. 어떤 문학교수에게도 들어보지 못한 논리가 그의 입에서 터져나왔다. 그가 일어나 식당 한 켠에 있는 반찬 코너에서 반찬을 한 접시 더 가지고 왔다. 라캉을 강론하던 그의 입에 중국산으로 짐작되는 김치 한 점이 들어간다는 게 신기했다. 사춘기 소년도 느끼지 않을 우스운 감상이다. 그에게 다가가서 팬이라고 말할까 하다가 참는다. 이 정도 거리에서 흠모했던 인물을 바라보는 것만으로도 충분하다. 나는 그가 먹은 해장국값을 계산하고 조용히 식당을 나왔다. 그러구러 시간이 지나가고 그가 운영하는 유튜브 강의도 소원해졌다. 그가 장편『새로운 인생』을 출판했을 때도 나는 최우선적으로 사서 읽었다. 소설보다 그의 논리가 어떤 옷을 입고 있는가에 대한 관심이었다. 소설가가 아닌 정신분석학자가 쓴 소설이 궁금했다. 홍상수를 기다리듯이 그의 다음 소설을 기다리는 중이다. 지금 내가 하는 얘기랑은 무관하지만 떠오르는 에세이가 있다.『근원수필』의 한 토막. 근원이 중학생 시절 '폐허'에 발표된 빙허의 「빈처」를 읽고 감격해 빙허에게 만나고 싶다는 편지를 보냈다. 둘은 여러 번 같은 자리에 앉은 일이 있지만 서로 말을 건네지는 못한 사이. 말 건넬 용기가 없고 수줍어서란다. 그러다 빙허에 대한 호기심은 사라졌고 어느 날 작가가 죽었다는 기사를 접하고 근원이 문상을 간다. 수인사도 없는 고인에게 문상을 하고 눈물을 흘렸다는 근원의 짧은 수필의 대강이 이렇다. 뭉근하게 감격하며 읽은 수필을 요약하고 보니 그저 그런 얘기가 되고 말았다. 안국동 해장국 얘기를 하다가 앞뒤 없이 여기까지 오고야 말았다. 여기까지 읽은 독자가 있다면 말할 것이다. 이렇게 맥락 없는 얘기를 왜 쓰실까. 그러고 싶으실까.

모월 모일

  요즘은 시를 쓰지 않는다. 이유도 없이 거의 그렇다. 이렇게 흘러가는 것이다. 쓸 만큼 썼다는 말은 틀린 말이 아니다. 누구에게나 그런 순간은 있다. 온다. 쓸 만큼 썼기에 몸 안에 더 이상 시의 잔액이 남아 있지 않는 텅 빈 순간. 나에게 찾아온 그런 순간은 엑스타시다. 시를 쓰던 손가락도 모처럼 자신의 한가로움에 젖어 든다. 이렇게 말하면 내가 시에 몰빵한 위인으로 이해될 여지가 없지 않지만 그런 오해는 두 손을 저으며 사양한다. 몰빵은 그것만으로도 큰 재능이자 문학적 자산이다. 나는 그런 인간이 아니다. 나는 그저 "삶 전체를 멀거니 바라보고 서 있다가 퍼뜩 느낀 듯한"(이문열) 어떤 순간을 작문한다. 그것을 시라고 부를 수도 있겠지만 나로서는 건성으로 느껴 본 문자적 순간일 따름이다. 건성건성. 흘끔. 주마간산. 대강철저. 처삼촌 벌초하듯. 나는 이런 말들이 거느리는 생의 순간을 선호한다. 내가 쓴 시가 대개 이런 말들의 함의(含意)에 걸쳐 있다. (괄호 안에 한자어를 표기하는 이런 습관은 버려야 한다. 시각적으로도 옳지 않다.) 요즘은 시를 쓰지 않는다. 이유도 없이 거의 그렇다. 이렇게 흘러가는 것이다. 쓸 만큼 썼다는 말은 틀린 말이 아니다. 시가 있어서 쓰는가. 시인이라서 쓰는가. 다시 시를 개시한다면 꾸며내는 시는 그만 써야겠다. 서툰 시, 쓰다 만 시, 시 같지 않은 시를 쓰고 싶다. 다이렉트 시네마 같은 시. 대본과 연출과 연기가 약속된 시네마가 아니라 그런 것 일체 없이 찍어내는 다큐멘터리 같은 시. 열정적인 시창작 강사가 자신에 차서 붉은 펜으로 밑줄 긋고 수정하고 싶은 시. 일부러 못 쓴 게 아니라 못 쓸 수 밖에 없는 어떤 순간의 시. 이런 시를 쓰고 싶고 반응하고 싶다. 작위성에 휘둘릴 생각이 없다. 남의 다리 긁으면서 시원함을 느끼는 건 옳지 않다. 그런 건 헛시다. 누가 예전의 내 시를 읽는다면 말리고 싶다. 다이렉트 시네마 같은 시를 보여주면서 '이걸로 읽어주세요'

그렇게 말할 날이 와야 한다. 시가 손에 익었으니 손에 익은 시는 파기해야 옳다. 요즘은 시를 쓰지 않는다. 이유도 없이 거의 그렇다. 이 순간을 아끼고 즐기자. 이러다가 영 시를 놓으면 어쩌지. 그렇군. 그때부터 시가 시작되는 거지. 굳이나 키보드를 두드려야만 시가 되는 것은 아닐 것. 멍하니, 멀거니, 하염없이, 초점 없이, 길 건너편을 바라보는 행인의 눈으로 세상을 관람하는 방식도 시이기를 바란다.

모월 모일

내가 그러하듯이 누군가는 지금 컴퓨터 키보드를 연주하고 있을 것이다. 시를 쓰거나 수필을 쓰거나 웹소설을 쓸 것이고 논문을 작성하는 겸임교수도 있을 것이다. 서로 엇비슷한 욕망에 들려 있는 사람들. 들은 셀 수 없는 복수형 접미사. 글쓰기 참여 연대다. 그들은 날마다 두드릴 것이고 날마다 수정할 것이고 날마다 저장할 것이다. 날마다 절망할 것이다. 문학은 하염없는 질주이자 자기 투사다. 그들 속에는 원로시인 한 명도 있다. 침침한 시력으로 오타를 고치고 국립국어원의 맞춤법 규정을 의심하며 검색창을 열기도 한다. 써놓고 보니 며칠 전에 썼던 시다. 원로시인은 자기 시를 표절하고 있다. 이거야 원. 그는 시를 삭제한다. 자신만이 아는 자신만의 과오를 뉘우치지만 그것은 외로운 투쟁이다. 외로움은 철학이다. 단독자의 소유물이다. 공유하거나 남과는 나눌 수 없는 무엇이다. 공감이나 소통이라는 말로부터 떨어져나와 혼자 걷는 길이다. 원로시인의 시쓰기는 원로시인의 버스킹이다. 한갓진 골목 구석에 앉아 노트북을 두드리며 호객을 하는 혹은 대중과 멀어지는 연주회다. 행인이 지폐 한 장을 떨구고 간다. 시인은 고개를 까딱 하며 감사를 표한다. 고맙지만 좀 더 쓰시지 그렇게 생각한다. 그나마도 그날 버스킹 수입의 총액이다. 골목길 사용료에도 한참 못 미치지만 시인은 내일도 그 자리를 지키게 된다. (여기까지 쓰고 마침표를 찍는데 전화가 온다.) 여보세요. 내 글쓰기의 정적이 깨어졌지만 얼른 전화를 받는다. 여보세요. 강원특별자치도에서 걸려 왔다. 안부 전화다. 그는 문학박사 학위를 가지고 지방대학에서 교수생활을 한다. 열심히 쓰는 작가다. 저서도 여러 권 낸 바 있다. 그도 문학 우울증을 겪는 중이다. 마흔 살이면 매지근해지고 쉰 살이면 휘줄근해진다던 선친의 말이 떠오른다. 힘 빠지고 풀이 죽는 단계다. 글쓰기도 그런 단계에 붙잡히게 된다. 문학의 흐름이 달라지면서 문단에서 소외되고 자신의 상상력도 낡음을 면하기 어렵다. 문학이 치킨집을 여는 일과 같다면 문제는 조금 더 간단하다. 폐업하고 다른 업을 찾으면 된다. 이런 일도 쉽다는 뜻은 아니다. 글쓰기는 특히 시쓰기는 자아의 문제인지라 포기되지 않는 측면

이 강하다. 남들의 박수가 아니라 자기 내면의 문제가 더 다급하기 때문이다. 먼저 겪은 선배인지라 그럴 듯한 조언을 하고 싶지만 내게 그런 말이 있을 턱이 없다. 그중에 좋은 방법은 쓰는 일을 단념하는 것이다. 단념은 쓰면서 겪는 우울증보다 더 힘들다. 내 생각은 대체로 그렇다. 그러니 나는 말한다. 쓰라고. 계속 쓰라고. 기왕이면 다르게, 틀리게 장 뤽 고다르의 묘비명처럼 '반대로(Au contraire)' 생각하면서 쓰라고 말하겠다. 내게 하는 말이다. 1930년대는 이태준의 문장을 쳐주었고, 1980년대는 이문열의 문장을 쳐주었다. 그때마다의 정전이 있지만 세월의 유속을 견디지 못하고 잊혀진다. 누구의 탓이 아니다. 그냥 그렇게 되는 것이다. 전화로 이것저것 얘기하면서 서로 작은 한숨을 주고받았다. 이문열의 단편 「김씨의 개인전」은 흥미로운 소설이다. 유명 조각가의 조수일을 돕던 김씨가 발분하여 조각가를 자칭하고 전시회까지 연다는 스토리다. 오랫동안 조각가의 잡역부 역할을 했으니 조각가를 자처할 기능도 충분했으리라. 그가 작가를 자칭하며 전시회를 열었을 때 이상한 일이 벌어졌으니 그건 내 글쓰기에도 무언가를 던져주는 장면이다. 그가 전시장 받침대 위에 전시한 것은 잘 다듬어진 조각품이 아니라 수북한 돌 부스러기들뿐이었다. "바깥 것들은 모두가 한 입으로 선상님 작품이라고 하니 워쩌겠슈? 여기 이 부스럭 돌들은 그것들을 파내느라 생긴 것들인데, 그래도 내 작품이라고 할 수 있겠지유. 그거 파내느라고 흘린 내 땀하고…" 자기 작품이라고 생각했지만 그것은 조수일을 하면서 익힌 남의 세계의 카피본이었던 것. 소설은 이 정도의 얘기를 건네는 건 아니고 더 깊은 속말을 전한다. 나는 소설을 편의상으로만 이해하고 있다. 자기 앞에 남은 돌 부스러기만이 김씨의 작품이었던 것. 열심히 키보드를 두드렸지만 영혼의 음악 같이 달그락거리는 키보드 소리는 사라지고 남은 것은 문자의 허영이 아니었는지 돌아봐야 한다. 내 앞에 놓인 문자의 부스러기 같은 시. 통화를 끝내고 휴대폰을 접는다. 긴 혼침이 나를 기다린다.

6

모월 모일

  길 건너편에서 물끄러미 나를 바라보던 당신

  잊었던 나의 시적 자아였을 것이다.

모월 모일

종일 비가 왔음. 두문불출. 시라는 개념에서 자유로워야 한다. 시를 읽으면서 공감하는 습관도 수정해야 한다. 우과창령(牛過窓欄)에서 자기 전복(self subversion)으로. 새롭게 쓰는 것이 아니라 다르게 쓰는 것. 다르다는 건 틀리다는 것. 경로석에서 할 생각은 아닌 것 같군.

야당 대표의 품에 미련 없이 덥석 안기는 군소 정당 대표. 정치적 불륜의 익숙한 장면. 언제나 서로를 그리워했다는 듯이.
"우리 사이에 넘지 못할 선 같은 건 없어요.
안 그래요? 더 꼭 안아주세요."

모월 모일

  내 시는 세 번 정도 다시 쓰여진다. 첫 번은 당연히 초고. 근거 없이 처음으로 휘갈겨진 메모 수준의 초고다. 시는 아니고 낙서 수준이다. 낙서 이전의 파편이다. 방향 없이 쓰여졌기에 비문으로 내질러진 비명만 같다. 한걸음에 쓰여졌다는 속도를 이기지 못한 어설픔이 그대로 묻어난다. 대강의 형태만 알아볼 수 있는 태아의 초음파 사진을 닮는다. 두 번째는 초고를 손질하는 단계다. 초고가 다시 쓰고 싶은 욕구를 자극했을 때만 시작한다. 그렇지 않으면 버린다. 이 단계는 낱말을 바꾸거나 삭제한다. 행과 연을 조정한다. 잇고 잘라낸다. 엉뚱한 문장을 찾아다 삽입하는 일도 빠지지 않는다. 시가 밋밋하거나 너무 시 같은 대목을 경계한다. 본문에서 제목을 찾기도 하고 새로 제목을 구하기도 한다. 역시 뻔한 제목은 선택하지 않으려고 하지만 그건 내 시선 안에서 맴도는 문제다. 누가 봐도 시 제목 같으면 일단 삭제다. 시가 자신을 시라고 노골적으로 외칠 것까지야 없다. 두 번째 단계를 거치면 초고는 더 이상 초고가 아니다. 사춘기를 지나간 형태를 얻게 된다. 하드 디스크에 저장하기 전이 마지막 수정 단계다. 이 단계에 이르면 초고와의 시간상의 거리도 있거니와 시를 쓰던 손도 차가와져 있다. 차분하게 거의 남의 시선으로 시를 본다. 문법적 의무로 붙어 있는 조사를 제거하는 것도 이때다. 두 번째 단계에서 의기양양하게 삽입

되었던 행이나 연이 통째로 사라지기도 한다. 시가 선명해진다. 아직도 군더더기에 집착한다는 서투름을 반성한다. 딴은 서투름이 시의 창의가 아닐까 하는 생각도 이때 하게 된다. 공산품처럼 이가 딱딱 맞고 기술적으로도 세련된다면 곤란하지 않을 것인가. 시는 그렇다고 본다. 이 단계에 오면 시는 더 손볼 여지가 없어진다. 시가 자신을 생산한 저자를 시 밖으로 밀어낸다. 마침내 시에는 시인의 자리가 없어진다. 시인의 추방. 시가 완성되었다는 뜻이다. 완성은 완전하다는 의미는 아니다. 자축의 의미로 커피를 마시고 스트레칭을 한다. 시에서 벗어났다는 의례다. 뚝딱 시 한 편 완성. 완성된 시를 주목하는 것은 이 순간뿐이다. 잔잔한 성취감. 이윽고 시는 조회수 없는 긴 시간을 견뎌야 한다. 완성본이라고 결정지은 시를 읽으면서 돌아보자면 내가 아끼는 시는 아무래도 초고다. 황망스런 표정으로 시적 의상도 갖추어 입지 않았지만 거기에는 나름의 의상 이전의 무엇이 배어 있다. 그 무엇을 무엇이라 명명해야 할지 망설인다. 내가 보았던 헛것! 내 시에서 일말의 허황스러움이 엿보인다면 이 지점일 것이다. 시를 쓰면서 고치게 되는 것은 그러므로 자구 수정이 아니라 맨몸 같은 시의 초고로 돌아가려는 언어적 몸짓에 다름 아니다. 추신: 아름다움은 발작적인 것이며 그렇지 않으면 아름다움이 아닐 것이다. (이서수, 『당신의 4분 33초』)

모월 모일

늦봄이라 썼다가 지우고
초여름이라 고쳐 쓰는 사이
내 정신은 조금 더 맑아졌다
대통령 후보들의 거짓말을 진심으로
틀어주는 테레비를 대충 관망하면서
지랄이다 지랄 할머니가 익숙하게
감탄하는 사이
창밖에는 초여름비 다시
늦봄비로 고쳐 쏟다
내 할머니 말씀은 시에 썼던가
산문에 썼던가 헷갈린다
무슨 시를 밥 먹듯 쓰냐고 말했던
구여친에게 안부문자를 날린다
이래저래 내 시는 누더기다
내가 누더기 텍스트인 것처럼
저녁이 오고 외계인 닮은 밤이 오는 사이
커피 물을 끓인다

모월 모일

▷자신이 썼지만 다시 그 시속으로 들어갈 수 없는 희비극까지 말했다. 시쓰기가 다 그러하지 않은가. 예컨대, 전두엽에서 생각이 움직일 때는 얼마나 말랑말랑한가. 그 상상을 컴퓨터에 입력하기 위해 전원을 넣고 스크린이 밝아올 때까지 기다리는 동안에 생각은 변하고, 키보드에 손을 얹고 연주하면서 스크린에 문자가 찍히면 그것은 전혀 다른 무엇이 된다. 이것이 시다. 시 비슷한 무엇이다. 그런 것인가? ◁내 생각을 정확하게 말해줘서 고맙다. 특히 시 비슷하다는 개념에 동의한다. 나는 시를 쓴다고 하지만 시의 근사치를 두드리고 있다. 말이 시다. ▷책 임있는 말을 할 때가 되지 않았는가 ◁무슨 책임? ▷7翁이면 문학에 대해 그럴듯한 개념을 던질만한 타이밍이다. ◁그럴 듯한 헛소리로 듣는다. 침묵이 뒷방의 미덕. 게다가 나는 한국시의 응시 아래에 있지 않다. 내 문학도 제대로 추스르지 못하는 처지다. 내 시는 '혼잣말'이다. 이러다 전원 나가면 내 스피커는 다시 울리지 않을 것이다. 자신에게 기대다 힘 빠지면 된다. 굳이 한마디 한다면, 시를 오래 쓰면 글자판을 들여다보지 않고도 두드릴 수 있다는 것. 타이피스트가 되는 거지. 내가 할 수 있는 책임은 여기까지다. 다음은 없다. 말 끝에 하는 말인데 요즘은 543번 버스를 타고 화염병이 날아다니는 신촌을 지나가고 싶다.

▷그건 무슨 말인가. ◁한때 나는 홍은동에 살았고, 여학교 국어교사였으며 거기서 한양대까지 시내버스를 타고 대학원 강의를 들으러 갔다. 다른 건 모르겠으나 대학생들이 부지런하게 데모하던 기억이 또렷하다. ▷그때로 돌아가고 싶다는 말씀? ◁가끔 그 화약냄새가 그리워진다. ▷정신적 섬망이네요. ◁자기 시대가 철거된 사람의 환지증 같은 ▷애련(哀憐)! ◁김지하의 시집 ▷출판사는 실천문학사 ◁깊은 강은 멀리 흐른다 ▷소설가 김영현의 소설집도 실천문학사 ◁그는 5월에 죽었다. ▷한 시대의 마감. 둘 다 죽음을 실천했군. ◁살아있는 나머지 동지들의 삶을 머쓱하게 하는 거지. ▷자투리 얘기는 다음으로 미루자. ◁여기까지 읽은 독자는 없겠으나 있다면 메일을 주세요. 커피를 제공하면서 60분 정도 대화를 나눌 용의가 있음. (새폴스키의 『행동』(김명남 역) 953쪽의 각주 "세상에서 이 문장을 읽을 사람은 단 한 명도 없을 것 같다. 그러니 만약 당신이 읽고 있다면, 내게 다음 이메일로 연락해준다면 좋겠다. 당신의 극도로 꼼꼼한 독서 습관을 함께 자랑스러워할 수 있도록"을 번안해 써먹는다.) ▷헛꿈은 결단코 늙지 않는구나. (다음으로 계속)

모월 모일

 아이스 아메리카노를 마시며 초여름 햇빛을 손짓한다. 어서 오시게. 나 여기 있다네. 동네 노천카페에서 몸으로 즉흥시를 쓰고 있다네. 어제는 에세이 몇 줄 쓰다가 삭제하고 말았다네. 싱거운 얘기였지. 에세이가 아니라 아무 사건도 일어나지 않는 경량급 소설 같았으니까. 조금 슬펐다네. 더 설명할 내용은 없다네. 일종의 내용 없는 우울이라네. 이런 날도 있다고 쓴다. 그리고 지운다. 2025년 6월 4일 화요일. 저녁에서 밤까지. 나만 아는 것도 있다.

모월 모일

 오늘은 또 대통령을 골라내는 투표날이다. 누가 되든 "이 세상은 멋있는 놈이 이기는 게 아니라 씨발놈이 이긴다." (김언수의 『뜨거운 피』) 저런 문장이 나에게 와서 실감을 강요하는 날이다. 편향 확증을 지켜야겠다. 그것이 정신 위생에도 좋다.

모월 모일

K-詩를 읽는 오후
온힘을 다해 살지 않도록 조심한다
남의 바지에 다리 집어넣고
내로라하면서 살아가는 연극도 지겨워진다
왜 좀 괜찮은 시인은 없을까?
나는 왜 그 공석을 채우지 못하는 것이냐?
슬프지만 참는다
시인에게도 불성이 있는가? 없는가?
있다는 시인도 있을 것이고
없다는 시인도 있을 것이다
불성에 밥 말아먹기
남의 생각에 숟가락 얹으며 사는
기술도 문학이라면 문학
나의 참슬픔도 이것이라면 이것

모월 모일

  소장한 책을 중고서점에 내다 파는 취미를 가진 제자 A를 안다. 하루는 A가 미당문학상수상집을 1,300원에 팔았다고 자랑했다. 오이 한 개를 사서 저녁상을 차렸다는 말을 들으며 웃었다. A의 웃음과 내 웃음은 같지 않다. 문지 242번을 달고 등장했던(출판 당시 정가 5천원) 김영태 시집 『그늘 반근』은 400원이다. 황동규의 산문집 『삶의 향기 몇 점』은 900원(당시 정가 만원). 황선생은 선방 중이다. 내게 있는 책이지만 두 권 다 들고 온다. A에게 내 시집의 중고가를 물었더니 '구매 불가'라고 즉답한다. A가 웃는다. 나도 웃는다. 거의 동시에 거의 같은 의미로. 언젠가 동대문역사문화공원에서 시낭독을 한 일. 시인협회 사무총장이 주선한 자리였다. 석양 무렵의 공원은 쓸쓸했다. 청중은 대학생 두 명. 내 차례가 되어 낭송하는 중에 유일한 청중 둘은 (아니, 이런) 자리에서 일어나 다른 데로 갔다. 허공을 향해 시를 읽었던 웃픈(이 말이야말로 여기에 딱 맞는 사후적 감정이다) 기억. 그렇지만 나는 그날 그 순간처럼 속이 시원한 적이 없다. 시를 하면서 겪은 최고의 절정감이었다. 1인 시위 같은 시낭독. 이것이 나의 시문학이다. 덧붙임: 버려진 책더미에서 중고서점에서도 버림받은 이청준의 산문 『야윈 젖가슴』을 구제했다. 전철에서 읽는다. 시장통과 인연이 다한 책을 읽는 맛. 책속에 박힌 황지우의 사진 망외다.

모월 모일

　제21대 대통령선거에 출마할 생각이 없다고 말했는데 아내는 들은 체 하지 않는다. (무얼 그리 정색하고 사시나들) 오늘은 맑음. 월요일 오전. 남들이 출근하는 시간이다. 무언가 해야 할 것 같은 착각의 압력.

　서강대 명예교수 김승희의 「낙원역」 한 구절로 족한 하루를 시작. "이것은 영화다/ 그런 생각을 하는 한/ 절망은 나의 절망이 아니다/ 욕망이라는 이름의 전차에 올라/ '묘지'로 갈아탄 다음 '낙원' 역에서 내리세요…/ 어느 영화에서 들은 말이다/ 영화 제목은 잊어버렸는데 마치 그 주인공이 자기 같다" 이것은 영화이면서 시다. 감독이 '컷' 하면 그 자리가 무덤이 되고 키보드에서 손을 떼는 순간, 현실과 직면하게 되는 독립영화의 한 장면을 산다.

모월 모일

　새 책으로 남아 있는 라캉의 『에크리』를 펼쳤다. 첫 페이지 빈 여백에 연필로 휘갈겨진 메모에 눈길이 간다. 알라딘에 갖다주려고 했는데 낙서나 밑줄이 있으면 거절된다니 그도 틀린 일. 프랑스에서 모닝빵처럼 팔렸다는 이 책을 어디다 써먹나 사색 중. "언어는 미약하고 사태는 풍부하다. 텍스트의 한계에 도달하는 것이 문학가의 본질. 주체의 관점에서는 실패, 사태의 관점에서는 진리에 도달. 진리가 없다는 진리에 도달. 언어의 한계점에서 공백과 만남. 환상의 횡단. 공백을 둘러싸고 있는 타자의 기표를 걷어내고 자신의 기표를 발명. 상형문자를 대하듯이 텍스트를 읽는다. 죽음의 냄새가 나는 텍스트. 현재 세계를 지배하는 문명을 전복." 메모는 라캉에서 출발한 백상현의 말인 듯. 저 메모에 감응한다. "새롭게 말하는 사람이 작가"라는 메모도 독립적인 행으로 적혀 있다. 언어가 인식을 방해하기도 한다. 언어가 없다면 시인은 굶어죽겠지. 언어에 화상 입지 않도록 조심하자. 그것을 그것이라 믿는 습관을 버리는 연습.

모월 모일

 연신내에서 3호선 전철에 몸을 올려놓고 생각한다/ 생맥 오백씨시 두 잔 마셨는데/ 한 오천 마신 기분을 뚫고 부글거리는 생각/ 이제 내 시집은 다 부셔버리자/ 애써 읽던 시집도 버리자고 합의한다/ 시들하기도 하거니와 뭘 더 찾아 읽겠는가 싶다/ 저 노숙자의 기침소리부터 트롯을 부르는 어린 가수에 이르기까지 세상은 아침부터 저녁까지 알뜰한 시다/ 문학에 기대는 버릇을 버리려는 배후가/ 이것만은 아닐 것이다/ 한국문학 알고리즘의 거품이여, 환각이여, 신경 끄자

모월 모일

아버님 이쪽으로 오세요
창구 직원이 나를 부른다
아니 내가 왜 그대 아버님인가
직원 여자를 째려보면서 그러나
한 톤 낮춘 볼륨으로 아버님은 대답한다
네
의자에 앉아서 몇 가지 질문에 대답한다
오나가나 본인 확인
웃긴다 내가 나의 본인이란다
앞에 앉은 그대도 그대의 본인인가
나는 나의 대리인
내가 나를 그렇게 임명한다
죄 없는 대통령 후보자가
열심히 자신의 무죄를 연설한다
당신이 당신의 무고한 대리인이었던가
이 시는 여기서 끝나면 안 되는데 그러면서
딸이 아닌 여직원을 뒤에 남겨두고
은행문을 나선다

모월 모일

  종로 5가 연강홀 앞 의자에 앉아 저녁을 기다린다. 지금은 오후 네 시. 초여름 오후 네 시는 젊은 시간이다. 김이듬의 시를 읽는다. 음. 나는 남의 시를 대충 읽는 버릇이 있다. 아마도 이 버릇은 고치지 못하고 세상을 떠날 것이다. 시를 꼼꼼히 읽으면 스탠드 앞에서 노트북을 두드리는 인류의 맨얼굴이 보인다. 나는 그 맨얼굴을 보기 위해 시를 읽지는 않는다. 시에서 가면을 쓰고 있는 다른 얼굴이 궁금하다. 얼마나 다른 주체가 될 수 있는가를 읽고 싶다. 그게 내가 시를 읽고 느끼는 흥분이다. 정직한 시는 사양한다. 어떻게 정직할 수 있는가. 정직도 하나의 포즈라고 본다면 사양할 일은 아니다. 대놓고 정직하면 기만이 되기 쉽다. 정직에는 기교가 필요하다. 정직했던 시인은 누구지? 「오감도」를 쓴 김해경이 아니었을라나. 자기 시대와 삶을 생뚱맞게 밀고 나갔다는 점에서 그렇다. 이게 나의 어떤 결론이다. 나머지는? 잘 모르겠다. 작년에 폴 오스터가 죽었다. 향년 77세. 그가 남긴 마지막 소설 『바움가트너』가 번역되었다. 내가 읽게 될 소설이다. 아무튼 읽는다. 폴 오스터니까. 잘 써도 좋고 허술해도 좋다. 한 작가의 마지막 노동인데 아무려면 어떤가. 그의 소설 『뉴욕 3부작』의 첫 문장은 "그 일은 잘못 걸려 온 전화로 시작되었다."로 시작한다. 운명의 시그널은 모두 저렇다. 제대로 걸려 온 전화는 더 문제. 슬슬 날이 저무는군. 종로 5가의 초여름 저녁 무렵의 한순간. 나는 오늘 종로 여행자다.

모월 모일

 무의도 휴양림에서 자고 소무의도로 건너왔다. 섬과 섬을 잇는 아치형의 긴 인도교를 건넜고, 해발 74미터의 안산을 올랐다. 이곳저곳으로 툭 트인 서해. 동해와 다른 복잡한 정서를 불러온다. 뭔가 뒤섞여서 복잡한 무의식을 전시하는 바다와 갯벌 위에 얹혀 있는 배. 물때를 잃어버리니 배는 배가 아니다. 고등학교 동창이 오늘 여행길의 가이드다. 참 고마운. 갯벌에 얹힌 배를 남겨 두고 다시 인도교를 건너면서 소무의도 산보는 끝이 났다. 1주기를 맞는 신경림 선생의 유고시집 소식. '생의 저물녘에 비로소 보이는 삶의 아름다움'이 한겨레신문의 기사 제목이다. "강을 하나 건너면서 어깨에 진 것 벗어놓고/ 산 하나 넘어서면서 손에 든 것 버리고/ 이제 나는 빈손, 가볍게 손을 털다가/ 깨어나니 간호사가 주사액을 갈고 있다" 제목은 「둔주(遁走)」. 고개를 돌려 바라보니 섬은 어느새 멀다. 일박 이일의 숏폼(소품) 같은 여행. 우산이 번거로운 이슬비에 오늘의 둔주도 촉촉하구나. 나에게 문학은 무엇인가. 문학이 더 싱거워지지 않기를. 신경림은 내 등단작 심사위원의 한 분. 그 맞은편에 황동규.

모월 모일

박세현의 낡은 감성을 혁신시킬 수 있는 방법을 인공지능에게 물었다. 요즘 시들을 참고하라는 대답이 돌아왔다. 생태와 페미니즘, 디지털 감성 등에도 주의를 기울이고 시형식도 새롭게 개발하라는 추가 답. 다시 물었다. 그런 시는 이제 충분하다. 시를 쓰지 않는 것도 혁신적인 선택이 되겠냐고 되물었다. 인공지능은 즉답했다. 그렇습니다. 그것이 당신에게는 혁신이고 진보적인 선택일 겁니다. 권장합니다. "유치환의 집에 갔을 때 청마가 책 한 권 없는 빈방에 누워 있는 걸 보고 충격받았다는 김춘수의 지점을 늘 확인하시길." 인공지능의 말을 믿는 순간이다.

모월 모일

'무의도에 가서'
이런 시행은 첫줄부터 지루하다
얼른 소무의도로 건너가자
이렇게 써도 달라질 건 없으니
도보업자처럼 바다누리길을 걷는다
몽여해변 외로운 카페에서 커피
이 시는 여전히 장식적인지라
카페를 나와 안산 정상으로 오른다

정상에서 바라보면 세상은 정상이다

부도덕도 전과자도 유사민주주의도 정상

오늘 내 걸음도 정상 혈압도 정상

외로움도 분노도 정상이다

해발 74에서 바라보면

비정상은 없다

모월 모일

 광화문 시네큐브 2관 b열 3번에 앉아 홍상수 영화를 본다. 만석이다. 이런 일도 있군. 주로 젊은 층인데 내가 최고령이다. 저 로인 잘못 들어온 거겠지. 그런 시선은 정당하다. 한 시대의 평균의식이다. 광화문과 숭례문 일대에서 외쳐지는 비명들도 다 그렇고 그런 통속. 영화를 착각해서 들어온 로인으로 오인 받으면 어때. 어르신, 지금 나가서 환불해도 됩니다. 러닝타임은 109분. 나는 홍상수 전작주의자답게 언제나 그의 다음 영화를 기다린다. 그의 영화가 늘 그렇듯이 아무것도 아닌 얘기가 또 아무것도 아닌 얘기로 끝난다. 시작도 없고 끝도 없다. 시인 하동화가 여친 집에 들러서 여친의 부모와 언니를 만난다는 시놉시스. 각본, 감독, 촬영, 편집, 음악이 모두 홍상수다. 혼자 북치고 장고 친다. 닭백숙이 차려진 식탁에서 술에 취한 동화가 자신의 시를 낭송하고 술

주정을 하는 장면은 여전히 홍상수의 백미다. 술판이 끝나고 여친의 아버지와 지역의 문예지에 시를 발표하는 그의 부인이 동화에 대해 나누는 얘기. 즉슨, 동화가 시인의 재능이 없어 보인다는 것. 재능을 의심받는 시인에 대해 숙고. 환상을 사는 시인. 그의 이름이 동화(童話?)다. 그렇군. 어쩌면 동화 같은 영화. 지구에는 80억 명의 시인이 존재한다. 홍상수의 다음 영화를 기다리는 나를 자축. 광화문에 가는 비가 내린다. 세종대왕이 우산 없이 비에 젖고 있다. 시인이라는 기표에 대충 속으면서 걷는다. 홍상수 영화는 나에게 말한다. 경로는 집으로 돌아가시오.

모월 모일

북한산 스타벅스에 앉아 있습니다.
지금 오시면 내 시집의 친필 서명을 받을 수 있습니다.
서울의 뒷길로 오시면 됩니다.
없는 마음도 맑아지는 장소입니다.

모월 모일

내가 시인이었다는 사실을
증명해내기 힘든 이 어마무시한 주제에 대해
의심하기 시작했으니 늦었다면 늦었지만

그건 빠르고 늦고의 문제는 아니라고
정처 없는 속마음을 휘저으며
시를 쓰면서 남몰래 으스대면서
사기 같은 사기를 쳤다는
나의 탐진치를 탓하고
더는 그러지 말아야겠다는 시
그런 시만 쓰자고 다짐하고 보니
손작란 없이는 정직한 시밖에 쓸 게 없기에
더 고요하고 더 쓸쓸해지는
일흔 넘은 어느 날

모월 모일

"시는 수익성이 가장 높은 예술이다."

작가이자 콜레주 드 프랑스 교수를 지낸 앙투안 콩파뇽이 쓴 『문학의 쓸모』의 윗목에 보이는 소목차다. 한국 시인에게는 헛소리로 들리는 말이다. 어떻게 이해해도 달라지지 않는다. 팔리는 시집도 있다지만 거의 대부분의 시집은 1쇄 단계에서 자취를 감춘다. 원고료도 십수 년째 그대로다. 프랑스라고 사정이 다르겠는가. 어제 오늘의 문제가 아니거니와 그것이 문제가 되어야 할 이유도 없다. 다시 말해 시는 팔릴 수도 있고 팔리지 않을 수도 있다. 다르게 말하자면 사람들이

(혹은 광장에 동원되어 민주주의를 외치는 시민들이) 시를 읽거나 읽지 않는 것은 전적으로 그들의 '개인적인' 문제다. 그것을 문화의 척도로 삼는 일에 흥미를 잃은 지 오래다. 그것은 그렇게 말하고 싶은 사람들의 문제다. 앙투안 콩파뇽의 저 문장은 보들레르의 말에 근거한다. 즉, "시는 수익성이 가장 높은 예술이지만, 이 투자는 늦게 수익을 올린다. 대신 큰 수익이다." 극도의 궁핍 속에서 근근이 삶을 이어갔던 보들레르는 『악의 꽃』이 고전의 반열에 오른 사후에 비로소 돈맛을 보게 되었다. 시가 높은 수익성을 올렸다는 말은 맞았지만 아이러니를 던져준다. 사후의 돈과 명성은 저주에 다름 아니다. 사정이 여기에 근거하니 시인들의 삶이 시를 통해 경제적으로 풍요로워질 까닭이 없다. 집단시위에 이골이 난 민족이지만 문학 관청이나 대통령궁 앞에서 시인이 일인시위를 벌였다는 소식은 들어보지 못했다. 원고료를 인상하라! 하라! 하라! 거칠고 경박하게 말하자면 문학은 누구의 명령에 의거하는 작업이 아니다. 자기 좋아서 하는 일이다. 문학의 모든 역사가 그러하다. 여기에 정답이 있다. 쓰고 싶으면 쓰고 쓰기 싫으면 접으면 된다. 문학에 기대고 있는 명예심이나 자부심은 오로지 거기에 의탁하는 인류의 몫이다. 이런 의견은 패배주의적 시각이라고? 비난받을 수도 있다. 이런 의견은 인기가 없거나 출판사 편집자들이 거들떠보지 않

는 필경사들의 자기 방어라고 통칠 수도 있다. 문학은 오로지 '자기 삶의 저자되기'다. 사람들의 줄에서 빠져나와 자기가 섰던 줄의 열기를 응시하는 되돌아봄이 문학의 일이다. 그 일은 그러나 원고료와는 무관한 사업이다. 그렇다고 문학과 돈은 무관하다고 쓰려는 건 아니다. 어쩌면 그 반대 주장을 펴고 싶었는지도 모르겠다. 예컨대, 시 한 편에 일백만원쯤 지급하는 나라가 되기를 희망한다. 선진국이라며! 내 말이 과장이라 말하지 마시기를. 알량한 대통령 한 명 뽑는데 물 쓰듯 쏟아 붓는 국민돈이 얼마인가를 따져보면 까짓 원고료야 몇 푼 되겠는가, 말이다. 여기 자판을 두드리는데 손가락에 힘이 들어간다. 잠시 쉬어야겠다.

모월 모일

"시는 처음부터/ 공터이다./ 시는 끝까지/ 공터이다. // 아무것도 없이 시작해서/ 아무것도 없이 끝난다./ (생명과도 같이)/ 시는 그렇다." 키보드에서 근무 중인 손가락을 거두어들인다. 하마터면 내가 쓸 뻔한 시다. 내가 쓴 시인 줄 알고 인용부호도 쓰지 않았다. 착각은 이렇게 즐겁다. 정현종의 「공터」. 소제목이 '시 이야기'다 공터도 임자가 있다는 얘기. 이 뒤에는 어떤 이모티콘을 쓰면 적당할 것인가. 내 시는 그쯤에서 시작될 것이다.

모월 모일

 시를 쓰는 힘, 시를 지속하는 힘, 시힘. 그보다는 시를 쓰지 않고 참고 견디는 힘. 나는 그 제어력에 실패하고 있다. 쓴다는 행위 못지않게 쓰지 않는 행위도 소중하기 때문이다. 쓰여진 시, 의미가 박제된 시는 거기까지다. 그 이상은 없다. 언어의 가장자리를 맴도는 의미가 궁금하지만 시로 쓰고 나면(쓴다는 동사는 돌이킬 수 없는 진행형이자 시의 내용과 형식을 무화시켜버린다) 의미의 자리는 비어버린다. 다시 써야 하는 욕망의 자리가 된다. 그래서 다시 쓰게 된다. 반복되는 욕망이다. 반복과 욕망은 동의어다. 시를 쓴다는 것은 시를 쓰지 않기 위한 도정이 되기도 한다. 시란 무엇인가. 답은 빈칸이다. 각자의 빈칸은 각자가 채우는 것. 이 성가심만이 쓰기의 욕망에 구멍을 내는 응답이다.

모월 모일

 ▷앞에서 헛꿈까지 얘기했다. 헛꿈은 당신의 키워드 아닌가. ◁부인하지 않는다. ▷설명이 필요하지 않은가. 설명을 혐오하지만 세계는 설명이다. ◁나의 헛꿈은 의미에 대한 집착이다. 과도한 해석이 작품의 본질을 왜곡한다는 수잔 손택의 논지를 지지한다. '존경한다고 진짜 존경하는 줄' 알면 곤란한 지경과 만난다. 문학으로 보자면 무의미시나 비대상시

그리고 날이미지는 세상이 합의하는 꿈 혹은 의미에 대한 상(相)에 저항하는 개념이다. ▷당신의 시도 무의미나 비대상 근처에 있는가 ◁아니다. 나는 이도저도 아니다. 언어가 미약하고 불완전하다는 것만 확인한다. 시도 언어처럼 불완전하다. 남자처럼 ▷지금 쓰고 있는 일기 형식의 글은 당신에게 어떤 의미인가 ◁복식호흡 같은 것. 생각의 이완작용. 마음의 숨구멍 내기 ▷새로운 호흡은 없는 것 같다. 반성 없는 동어반복은 당신 글쓰기의 장점이자 특이점이다. ◁일편단심으로 봐주면 된다. ▷이기적인 논리다. 좋은 문학은 자리 이타를 궁구한다. 누이 좋고 매부 좋고. ◁나에겐 누이가 없다. 자기 앞가림도 버겁다. 그게 나의 시다. 문보영의 에세이 '미국 아이오와에서의 나무 오르기'에 나오는 문장에 밑줄 긋는다. "문장을 쓰다 말면 행갈이가 되고/ 말하다 말면 그게 시가 되었다./ 청설모는 나무를 오르다 말고 하늘을 쳐다봤다." 늘 오르던 나무가 낯설어진 저 청설모가 문제적 인간이다. ▷당신도 청설모인가 ◁나는 낯섦과 낯익음에 대한 경계를 오르는 청설모가 되고 싶다. ▷당신의 자리는 경로석이다. 무엇이 되기에는 늦은 시간이다. ◁될 것이 없는 단계도 하나의 단계다. ▷가벼운 질문. 시는 언제 쓰는가. 밤인가 낮인가 ◁밤과 낮 사이에 쓴다. 밤에 쓰면 명작이 되기 쉽고 낮에 쓰면 제정신이 되기 쉽다. ▷대놓고 읽고 싶은 시인이 있는가 ◁다시 읽고 싶은 시인을 묻는 질문으로 받는다. 실시간으로 스트리밍 되는 시를 '보는' 것으로 충분하다. ▷'읽는' 게 아니라 '보는' 것인가 ◁종이책 읽기는 줄어들지만 스마트폰 읽기는 늘어난다. 내 사정이 그렇다. ▷「일흔 넘은 어느 날」은 언제 썼는가 ◁오늘 아침에 썼다. ▷시에서 하고 싶은 말은 무엇인가 ◁나는 말에 끌리는 사람이다. '일흔 넘은 어느 날'이 내게 와서 칭얼대기에 그걸 썼다. ▷기표주의자군. 당신 ◁'언어와의 작별'을 꿈꾸는 표기주의자다. 의미나 분석은 별로다. '때려잡자 김일성' 여덟 글자만으로도 에이포 서너 장은 분석할 수 있다. 분석과 해석의 본질이 그렇다는 ▷과하시다 (서로 웃었고 웃음은 묵음 처리)

▷5월이 끝나간다. 근황을 말해보시라. ◁그날그날 조금씩 산다. ▷필생(筆生)의 삶에 대해서도 말해보시라. ◁필생은 마약이다. 특히 시는 자기 거울 속에 갇혀 헤매는 작업. 시인이 되는 것은 어렵지 않다. 등단하면 된다. 그러나 시를 쓰는 일은 어렵다. ▷좋은 시를 말하시는가? ◁그렇다. 그러나 좋은 시란 무엇인가를 캐묻는 과정이 필생(筆生/畢生)의 업이라 생각한다. ▷좋은 시라는 문학적 합의를 의심하는군. 심술이나 질투심이 개입된 듯 하다. ◁전혀 아닌 건 아니겠지만 문학은 경쟁심으로 해결될 수 있는 문제가 아니다. 시쓰

기는 개별작업이다. 문자에 의탁해 참나에 이르는 길이 시쓰기다. 참나는 완성된 주체지만 시는 참나에 이르는 도정과 거기에 수반되는 부작용과 성가심을 대상으로 삼는 작업이 아니던가. ▷시문학이 종교는 아니지 않는가 ◁시는 그 자체로 종교다. 자기를 통과하면서 타자에 이르고자 한다는 점에서 종교를 닮는다. ▷대화를 마무리 할 대목에 왔다. ◁마무리는 조금 쉬었다 하기로 하자. 다음 꼭지에서 극적으로 조금 장렬하게. ▷좋다. (계속)

모월 모일

  오랜만에 아마도 학교에서
  월급이 들어오지 않고도
  한참 지난 후
  가며오며 알고 지내던
  Z시인을 만나
  아무 데나 들어가(청계천이던가
  을지로였던가) 차
  한 잔을 나누면서 저런, 이런
  공연한 안부를 나누다가 그도
  알고 나도 아는 그분을 물었더니
  주머니에서 없는 물건을 꺼내듯이

Z시인은 적막하게 말했다
"그분,
많이 늙었더라구요"

모월 모일

망원동이라 써놓고 앉아만 있다. 며칠 째다. 저 말이 어떻게 나에게 왔는지 감이 잡히지 않는다. 지나가 본 적은 있겠지만 살아본 적은 없다. 나는 이런 말에다 마음을 부려놓는 편인데 근거 미미한 취향이다. 철학이나 신념까지는 아니겠으나 단정할 수 없는 무엇이 있는 듯 하다. 내 시쓰기도 거기까지다.

모월 모일

고선경의 시집 『심장보다 단단한 토마토 한 알』 36페이지 위에서 세 번째 줄에 나오는 문장. "안목해변에서 강문해변 지나 순긋해변과 사천해변/ 바다도 구름처럼 수많은 이름을 가졌다" 숱하게 다녔던 해변이지만 그가 갔던 해변은 낯설다. 다른 시선으로 표기된 해변은 내가 겪은 바닷가가 아니다. 비슷할 수는 있어도 그게 그거는 아니다. 젊은 시인이 걸었던 그 해변을 다시 걸어봐야겠다. 잊혀진 생각과 덜 잊혀진 생각 사이를 걸어보리라.

모월 모일

대관령 25도 안동 31도 대구 29도 속초 28도 독도 14도 신의주 평양. 오늘 서울은 구름 많음, 잠시 후 여섯 시. 라디오는 카운터테너. 잠시 후 일곱 시 시보가 울렸다. 라디오: '삶에는 가격표가 없다.' 소형차를 몰고 출퇴근했다는 전직 우루과이 대통령 호세 무히카의 말. 우린 어느 세월에 저런 놈을 가져보나.

모월 모일

아직도 나는 시를 만들고 있다.
시의 기준이 있다는 관념의 고정점에 빌붙어 있다. 시의 이름으로 저주받을지어다.

모월 모일

안국역 앞 송현광장에 안개초와 수레국화가 한창이다.
광장 변두리에서 소프라노 색소폰을 부는 남자. 벤치에 앉아 멀리서 듣는 경로. 동대문에서 내려 종로를 거치고 인사동을 빠져나와 여기에 이르렀다. 중고서점 알라딘 매대에 한강, 김영하, 고선경, 류시화의 신간이 전진 배치되어 있다. 고선경 픽.『심장보다 단단한 토마토 한 알』. 정색하지 않는 시집. 광장으로 잊었던 바람이 불어온다. 나도 바람이다. 다시 현대사옥 옆 휘문의숙의 옛터 공원 회화나무 그늘 밑에서 도보 일정을 마감한다. 탑골공원 맞은편 길가에 박혀 있는 김수영 시인의 생가터 표지석 앞에서 걸음을 멈추기도 했다. 발견은 언제나 재발견이다. 누구에게나 생가가 있다는 생각. 생가에 깃들기 전 나는 어디서 출발했는가. 부모미생전. 안개초 사이로 덜 익은 바람이 지나가는 초저녁의 안국역. 내가 거기 서 있었다는 팩트 한 컷.

모월 모일

　대통령을 고르는 재래식 선거시장(市場)이 오픈되었다. 살아본 세월은 아니지만 자유당식 마스게임의 재현이다. 입후보자들의 면면을 보면 '어떻게 하나같이 저런 분들이 기어 나와서' 그런 결론이다. 책장 높은 곳에 치워두었던 김수영을 다시 꺼내 읽으며 가슴을 쓸어내린다. "기성육법전서를 기준으로 하고/ 혁명을 바라는 자는 바보다/ 혁명이란/ 방법부터가 혁명적이어야 할 터인데/ 이게 도대체 무슨 개수작이냐/ 불쌍한 백성들아/ 불쌍한 것은 그대들뿐이다/ 천국이 온다고 바라고 있는 그대들뿐이다"(「육법전서와 혁명」의 앞머리). 한국시는 김수영에게서 좋친 것 같다. 그런가?

모월 모일

 도서관에 가려고 나섰는데 마침 정기 휴일이다. 때마침. 시집가는 날 등창 난다더니. 이 뜻은 그 뜻이 아니지만 우선 가져다 놓고 마음의 불을 끈다. 언어는 그런 것이겠지. 대충 막아보는 구멍마개 같은. 나선 김에 시내로 나간다. 나가서 빙빙 돌다가, 도시 산책자가 되어, 공덕동에서 가성비 좋은, 1980년대 드라마 세트장 같은 생선구이집에서 점심작업을 해야겠다. 생선도 충분하고, 계란찜도 좋고, 된장국도 시에 찌든 내 삶을 재편성한다. 말년에 이르러 이런 형식으로 일인체제를 완성하는구나. 모든 관계는 유통기한이 있다는 결론에 이르며 빙그레 웃는다. 오온(五蘊)이 따듯하게 열리는구나.

모월 모일

 드로잉을 곁들인 시집을 하나쯤 가지고 싶다. 가령, 장 자크 샹페의 일러스트 같은 것. 헛생각이다. 정색하고 그리지 않은, 꿈 덜 깨고 잠에 실린 손으로 슥슥 대충 그린 그림이면 만족이다. 시도 이 어간에 있어야 한다. 좋기야 초개의 그림이지만 소용없는 바램이다. 그는 죽었고, 살았다고 해도 나의 청을 들어주지 않을 거다. 김영태는 그 점이 시인답다.

모월 모일

 아침에 눈뜨면 한글 자판 연습하듯이 썼다.

 보는 사람 없지만 모두가 본다는 착각을 즐기며 아무것도 아닌 생각의 파편들을 두드렸다. 재취업한 뒷골목의 늙은 키보디스트처럼, 블루스를 연주하듯이, 미련한 내 잡음을 녹음했을 것이다. 신발 끈을 매면서 하루를 시작하는 도보업자처럼 무망한 열정으로 썼다. 내 안의 그리움을 짧은 열 손가락으로 손수 탕진하는 방식이었구나. 시업에 종사하면서 길이 든 시의 부작용은 이것. 이것뿐이다. (이하 김 웃음소리가 에코로 삽입된다.)

모월 모일

 "자기 언어, 자기 세계를 갖는다는 건 힘겨운 투쟁이에요. 그래서 젊은 시절, 내 또래 독일, 오스트리아 작곡가들이 잘나가는 모습을 볼 때도 나는 질투하지 않았어요. 그들이 스포트라이트를 받는 동안 나는 내 것을 할 수 있구나, 그런 시간을 가져서 다행이다, 그랬어요." 김지수 인터뷰집, 『의젓한 사람들』, 90쪽. 서점에 깔리기 전이라 인터넷에서 베낀다. 작곡가 진은숙의 말인 것 같은데 나중에 다시 펼쳐보면 된다. 기형도: 내 희망의 내용은 질투뿐이었구나

모월 모일

그는 성실하게 살았다. 정직하기까지 했다. 가족과 이웃을 위해 더러는 국가를 위해 헌신했다. 아는 사람은 다 아는 사실이다. 게다가 평생의 부업이었던 문학에서도 나름의 자기 성취를 이루었다고 회고될 수도 있다. 대체로 그의 삶은 성공적이었다고 평가할 수 있다. 그러나 앞에 서술한 내용의 대부분은 그의 삶과 일치하지 않는다. 그는 삶의 여러 국면에서 성실하지 않았다. 건성으로 살았다. 국가나 사회와 같은 공적 부면을 순순하게 받아들이는 방향으로 산 적이 없는 부류다. 문학도 그렇다. 외관상 그의 문학은 성실에 값한다. 그가 인쇄한 저서의 양을 살필 때면 더 그렇다. 당대 동료 시인들의 평균치를 넘어서는 물량을 납품했기 때문이다. 일년에 세 권씩 찍어낸 해도 있다. 이러한 과잉 생산을 보고 그가 문학에 불성실했다고 말할 사람은 없을 것이다. 문학판이 다작을 하는 작가에게 관대하기는 쉽지 않다. 뭘 그렇게 많이 쓰시나. 그는 많이 썼다. 그가 많이 써댄 것은 창작에 대한 열이 너무 뜨거웠기 때문은 아니다. 그는 단지 구멍 숭숭한 잠자리채로 무한천공을 포획하는 심정으로 키보드를 두드렸다. 그러니 그의 시에는 깊이나 넓이가 확보될 여백이 없다. 이렇게 단언해도 그는 화내지 않을 것이다. 그 역시 이 점을 충분히 그리고 너그럽게 인정한다. 그는 평소에 말해왔다. 시라는 소규모 형식을 통해 깊이나 넓이를 구축하려는 방식에는 관심이 없다는 것. 그런 시가 없는 것은 아니지만 자기는 그런 방향에 있지 않다고 말해왔다. 이런 견해를 자신의 문학관으로 규정해도 반대하지 않는다고 강조했다. 시는 열심과 성실성의 산물이 아니다. 이 말을 그는 신봉한다. 오히려 열심하지 않고 있을 때, 불성실에 매달리고 있을 때가 시의 순간이라고 말하기도 한다. 이러한 무이론이 이론에 오염된 문인들에게는 간과되기 쉽다. 사정이 이러하니 그의 전기를 작성할 때 그를 성실한 시인으로 기록하는 것은 오류가 될 개연성이 높다. 물론 전기 작성자의 판단이므로 그가 간여할 기회는 없다. 그래도 그는 때로 걱정한다. 이 사람은 시를 매우 사랑했구나. 이렇게 많은 양의 시를 쓴 이유를 어떻게 설명할 수 있겠는가. 사정 모르는 독자는 그가 밤낮없이 책상에 붙어 앉아 컴퓨터 자판을 혹사했다고 추론할 수도 있다. 천만에. 그는 자기 생에 대해 그렇듯이 자기의 문학에 대해서도 건달정신으로 일관한 위인이다. 그가 열심히 살았고 열심히 썼다고 생각한다면 그에게 열심히 속는 것이다. 성실한 전기 작가를 만나면 이런 오독이 일어나지 말라는 법도 없다. 서글픈 일이다. 그를 나라고 해두자. 그는 나에게 최적화된 인물이다.

모월 모일

　조모(Joy Of Missing Out): 무엇을 놓칠 것인가 또는 무엇을 그리워할 것인가. 놓아버릴 것도 애착할 것도 없을 때가 진정한 JOMO라고 수용하는 아침. 자작 커피 한 모금. 5월이 마감되는 날이다. 내가 5월을 살았다는 뒤늦은 실감.

모월 모일

　시에 샷을 추가하면서 날씨를 검색한다. 종일 맑음. 사는 건 사실의 영역이지만 살고 나면 풍문이 된다. 믿을 수도 믿지 않을 수도 없는 풍문. 6월의 첫날을 풍문 속에서 보낸다. 오즈 야스지로의 전기 영화 제목은 '살아봤지만'(I lived, But). 흑백필름. 그의 묘비명은 無. 무슨 뜻인가.

모월 모일

　"해마다 유월이면 당신 그늘 아래/ 잠시 쉬었다 가겠습니다./ 내일 열겠다고, 내일 열릴 것이라고 하면서/ 닫고, 또 닫고 또 닫으면서 뒷걸음질치는/ 이 진행성 퇴화의 삶 (건너뛰기) 오늘도 극장 문은 열리지 않았고/ 저 혼자 숨어서 하는 리허설뿐이로군요./ 그래도 다시 한번 지켜봐 주시겠어요?/ (I go, I go, 나는 간다./ Ego, Ego, 나는 간다.)" 최승자가 6월을 연다. 유월에는 나도 오래 전 사람의 그늘에서 잠시 쉬고 싶다. 그래도 될까요? 이런 허영에 찬 리허설을 미워하지 말기로 한다. I goo, Ego Money. 쓰다 보니 최승자가 많이 나왔다. 그렇게 되었다.

모월 모일

농부에겐 농부의 시가 있다. 전과자에겐 전과자의 시가 있다. 그렇듯이 나에겐 나의 시가 있다. 내가 그렇듯이 당신에게는 당신의, 당신만의 시가 있다. 아무 사건이 없는 휴일 저녁에 라면을 끓여놓고 라면 가닥을 삼키기 위해 쩍 벌린 그 한 입이 나의 시다. 당신의 시일 수도 있다. 그 이상은 없다. 그 이상은 시가 아닐 수도 있다.

모월 모일

"마치 보르헤스의 소설에서 지도가 완성되는 순간처럼, 어느 시기의 시는 스스로 이렇게 말한다. '나는 완료되었고, 나는 끝났다. 또한 나는 내가 죽었다는 것을 안다.' 그리고 이렇게 말하는 시들을 연결해보면 한 시기의 시와 이후의 시를 나누는 능선을 그릴 수 있게 한다." 젊은 이희우 선생이 2010년대 시를 분석한 글의 한 장면. '자기 취소'라는 말을 나는 자기 소거로 바꾼다. 나의 시가 과거완료형임을 우회적으로 통보하는 평론이기도 하다. 경로석에 앉아 있는 시인들이 보인다. 문득, 원로시인을 만나러 가야겠다. 선생님, 요즘 어떻게 지내십니까? 원로시인은 들릴 듯 말 듯한 볼륨으로 말씀하신다. 나는 죽었어. 자네도 알잖어. 나도 내가 죽었다는 팩트를 새삼스레 확인한다. 쩜쩜쩜.

 덧없이 사라질 문학을 향한 경의와 축하
 쉼없이 명작을 두드리는 흰손의 수고(手苦)로움
 내일이면 장르가 다른 시를 읽으리라

모월 모일

 "신문은 잊기 위해서 읽는 것이고 책은 기억하기 위해서 읽는다." 보르헤스. 그런가? 책이란 읽지 않기 위해 존재하는 것. 생각과 망각 사이를 누비기 위해 나는 쓴다. 내가 쓴 것은 다음 날이면 내 기억 속에서 다 떠내려 갈 것이다. 단 한 줄도 남지 않을 것이다. 행간도 텅 비워버린다. 시원하고 통렬하다. 내가 바라는 것은 그것 뿐. 뿐. 뿐.

모월 모일

 문학과 삶은 나의 복수 전공. 사실은 그게 그거지만 말이다. 문학과 삶은 분리되지 않는다. 그게 맞다. 복수 전공은 수정한다. 시는 내가 싼 똥. 저 걸 어째, 저 복잡한 냄새라니.

음식물 쓰레기를 들고 엘리베이터에 오를 때 내가 이런 사람이 아닌데 그런 생각이 스쳐간다. 치과의사 앞에서 입을 따악 벌리고 있을 때, 사람들 앞에서는 마일스 데이비스를 얘기하면서 혼자 있을 때는 나훈아의 멜로디를 흥얼거릴 때, 시집은 맹탕인데 해설을 읽으며 공감이 될 때, 내가 이런 사람이 아닌데 그런 생각. 생각을 고쳐먹어야 한다. 내가 바로 그런 사람이야. 죽을 때 관 속에 누워 화장장 화구로 들어가면서도 내가 이렇게 죽을 사람이 아닌데 그러면서 학점 미달로 완결된 복수전공을 (남의 일처럼) 돌아보겠지.

모월 모일

내 시의 팬이라며 돈을 빌려달라는 사람이 있었지만
무슨 개수작이냐고 말하지는 않았다.

모월 모일

원로시인 박 아무개 무코에 도착하다.

바다와 바다, 구름과 항구, 점점이 떠 있는 배와 배들, 침묵의 잔영, 늙은 등대처럼 서서 바다를 읽는다. 무코에서는 존 케이지처럼 말하고 싶다. "나는 할 말이 없고 할 말이 없다는 얘기를 하고 있으며 이것이 내게 필요한 시다" 바람의 언덕으로 외항선원의 숨소리 같은 바람이 몰려온다. 6월 중간의 공기가 흩어진다. 그러니까, 시는 다른 곳에, 아주 먼 곳에.

모월 모일

 더 쓸 시가 없을 때
 더 쓰고 싶은 시가 없다는 생각에 미칠 때
 내 시쓰기는 그 지점에서 시작한다.
 그러고 싶은 것.

모월 모일

 ▷이 글을 마치는 기분은
 ◁기분 같은 건 따로 없다.
 ▷결론 같은 거라도.
 ◁무슨 결론이 있겠어. 너무 멀리 왔다는 생각. 내 삶으로부터. 내 시로부터 너무 멀리 왔다.
 ▷말에 회한이 비친다. 그런가?
 ◁꾸역꾸역 쓴 후일담 에세이 같은 거지. '앞마당에 풀 뽑듯이'. 더 갈 길이 없는 눈앞을 확인하는 글쓰기다. 시를 쓰면서 자각하는 무력감과 우울증을 문자를 통해서 겪는 거다. 염증 반응이라고 부르면 되겠다. 얘기를 마감하려는데 왠지 다시 시작하는 느낌이다.
 ▷우리 대화에 끝이나 시작이 따로 있는 건 아니다. 결론

도 없으니 말이다. 시쓰기의 부작용이라는 말 흥미롭다. 우리가 사는 시대를 한두 마디로 규정하기 어렵고 누구도 거기에 충분히 적응하며 살기 힘들다. 'ADHD' 'FOMO'는 지금 시대의 주요 특징이다. 자연인을 빼고는 다들 여기에 휘둘리며 산다. 문학은 한가롭게 들린다. 고친다. 문학은 더 그렇게 보인다. ◁그게 시대정신 아닐까? 그러니 나는 가짜뉴스가 좋더라 ▷정신없는 시대. 아무튼 당신의 시는 그런 흐름과는 무관하게 증거불충분한 채로 흘러가더라. ◁Joy Of Missing Out. 각자의 시를 견디는 거다. 각자의 환상, 각자의 주이상스. 등번호 없이 경기에 참가한 축구선수 같다, 내가.

▷여기까지 오고 보니 우리의 대화가 편집에서 잘려나간 필름을 합성한 것 같다.

◁글을 쓰는 동안 탈 없이 근무해준 컴퓨터와 중국산 스탠드와 연로한 스마트폰에 감사한다. 글의 흐름이 단절되지 않도록 전화나 카톡 같은 걸 삼가해준 사려 깊은 지인들에게도 이 문장을 통해 고마움을 전한다. 무조건 행복하시길 빈다. 아침의 배경이 되어 준 클래식 라디오 채널 제작진에게도 감사드린다. 내 열 손가락에도 감사.

▷아파트 화단에 낮달맞이꽃이 가득 피었더라.

◁아무도 아는 체 하지 않고 지나가더군. 그런 걸 시라고 해두자.

생각과 망각 사이

ⓒ박세현, 2025

1판 1쇄 인쇄__2025년 08월 01일
1판 1쇄 발행__2025년 08월 10일

지은이__박세현
펴낸이__양정섭

펴낸곳__경진출판

    주소__서울특별시 금천구 시흥대로 57길17(시흥동, 영광빌딩), 203호
    전화__070-7550-7776 팩스__02-806-7282
    스마트스토어__https://smartstore.naver.com/kyungjinpub
    이메일__mykyungjin@daum.net

값 19,000원
ISBN 979-11-93985-80-9 03810

※이 책의 무단 전재 및 복제, 인터넷 매체 유포를 금합니다.
※잘못된 책은 구입처에서 바꾸어 드립니다.